2025/2026

Notfallsanitäter

Prüfungswissen

Schnell & Einfach

Sicher durch die staatliche
Prüfung im Rettungsdienst

NICOLAS SOMMER

Inhaltsverzeichnis

Einleitung

Herzlich willkommen zu deinem Begleiter für die Prüfungsvorbereitung als Notfallsanitäter! Dieses Buch soll dir helfen, dein Fachwissen zu vertiefen und zu festigen.

Aufbau des Buches

Im Buch findest du 1500 Aussagen, die entweder richtig oder falsch sind. Die Aussagen beziehen sich direkt auf Schlüsselbegriffe und Fakten, die im Rettungsdienst und in Prüfungen relevant sind. Die einfache Struktur erleichtert es dir, schnell verschiedene Aspekte des Prüfungswissens abzudecken. Da die Aussagen entweder mit „Richtig" oder „Falsch" beantwortet werden, erhältst du sofort Rückmeldung darüber, ob du den Stoff verstanden bzw. noch Unsicherheiten hast. Am Ende des Buches findest du den Antwortschlüssel.

Abdeckung der wichtigsten Prüfungsthemen

Das Buch behandelt die zentralen Themen, die in der Notfallsanitäter-Prüfung von Bedeutung sind, wie die Notfallmedizin, Anatomie und Physiologie, Pharmakologie, Rettungstechniken, rechtliche Grundlagen, Hygiene und Infektionsschutz sowie die Kommunikation mit Patienten und Angehörigen.

Es ist wichtig zu betonen, dass die Aussagen in diesem Buch zwar die Kernthemen abdecken, aber nicht identisch mit den Fragen in der eigentlichen Prüfung sind. Das Buch dient als Instrument zur Selbstkontrolle, das dir hilft, Bereiche zu identifizieren, in denen du noch Vertiefungsbedarf hast.

Optimale Nutzung des Buches

Es wird empfohlen, die Aussagen auf einem separaten Blatt Papier oder in einem Notizbuch zu beantworten. So kannst du das Buch später erneut nutzen und einzelne Aussagen wiederholen, ohne durch bereits markierte Antworten abgelenkt zu werden.

Wenn du eine Aussage falsch beantwortest, nimm dir die Zeit, das entsprechende Thema zu wiederholen. Gehe zurück zu den Grundlagen und lies ergänzendes Material, um dein Verständnis zu vertiefen. Beachte, dass in diesem Buch keine Erklärungen angegeben sind. Dies soll dich ermutigen, selbst zu recherchieren, warum eine Aussage richtig bzw. falsch ist.

Ein Schlüsselfaktor bei der Prüfungsvorbereitung ist die regelmäßige Wiederholung des Lernstoffs. Dieses Buch bietet dir die perfekte Gelegenheit, kontinuierlich zu üben und dein Wissen regelmäßig zu überprüfen.

Mit diesem Buch hast du ein wertvolles Werkzeug auf deinem Weg zur erfolgreichen Prüfungsvorbereitung als Notfallsanitäter in der Hand. Nutze es regelmäßig, beantworte die Aussagen auf separatem Papier und lass dich von falschen Antworten nicht entmutigen. Jede falsch beantwortete Aussage ist eine Chance, zu lernen und dich zu verbessern.

Viel Erfolg bei deiner Prüfungsvorbereitung!

Richtig Oder Falsch?

Patientenuntersuchung und Assessment

Dieses Kapitel testet dein Wissen über die strukturierte Herangehensweise an Notfallpatienten nach dem international etablierten ABCDE-Schema. Du prüfst dein Verständnis zur Beurteilung der Einsatzstelle, dem ersten Eindruck und der Initialbeurteilung bei verschiedenen Patientengruppen.

Richtig oder falsch?

1) Die Beurteilung der Einsatzstelle setzt sich aus drei Kriterien zusammen: Szene, Sicherheit und Situation.

2) Die Beurteilung der Einsatzstelle beginnt erst bei der Ankunft an der Einsatzstelle.

3) Zur persönlichen Schutzausrüstung gehören unter anderem Einmalhandschuhe, Schutzbrille und FFP2/FFP3-Maske.

4) Der Ersteindruck eines traumatologischen Patienten erfolgt in der Regel ohne Kontakt innerhalb von 5-10 Sekunden.

5) Bei lebensbedrohlichen Blutungen wird das standardisierte ABCDE-Schema in das X-ABCDE- bzw. C-ABCDE-Schema geändert.

6) Wenn ein Patient in ganzen Sätzen spricht, hat er definitiv kein Atemwegsproblem.

7) Der Ersteindruck eines internistischen Patienten erfolgt innerhalb von 10-15 Sekunden.

8) Körperhaltung und Schmerzzeichen fließen nicht in die Ersteinschätzung von internistisch-neurologischen Patienten ein.

9) Der Kutschersitz ist ein Hinweis auf schwere Orthopnoe.

10) Olfaktorische Eindrücke wie Geruch nach Bittermandeln oder Knoblauch können auf Zyanidgas oder Organophosphate hinweisen.

11) Sichtbare Schwellungen der Lippen oder Zunge sind irrelevant für die Atemwegsbeurteilung.

12) Bei internistisch-neurologischen Patienten werden angegebene Hauptbeschwerden und Leitsymptome für die weitere Vorgehensweise definiert.

13) Das Körpergewicht bei Kindern von 1-10 Jahren wird mit der Formel 2 x (Alter in Jahren + 4) berechnet.

14) Bei der ersten Kardioversion nach ERC-Leitlinien werden 2 J/kg KG verwendet.

15) Der minimale systolische Blutdruck bei Kindern von 1-10 Jahren berechnet sich mit 70 mmHg + (Alter in Jahren x 2).

16) Für die Volumentherapie werden grundsätzlich 20 ml/kg KG verwendet, bei kardiologischen Notfällen und Verbrennungen 10 ml/kg KG.

17) Die orotracheale Einführtiefe berechnet sich mit der Formel (Alter in Jahren + 2) + 12 = Einführtiefe in cm.

18) Bei Kindern über 10 Jahren wird das Körpergewicht mit der Formel 3 x Alter in Jahren berechnet.

19) Das pädiatrische Beurteilungsdreieck umfasst 1) Äußeres Erscheinungsbild, 2) Atemarbeit und 3) Kreislauffunktion.

20) Der Ersteindruck bei pädiatrischen Patienten erfolgt in aller Regel mit körperlichem Kontakt.

21) TICLS steht für die Beurteilungskriterien des äußeren Erscheinungsbildes und umfasst unter anderem Tonus, Interaktion und Tröstlichkeit.

22) Bei einem kritischen Kind erfolgt eine direkte Kopf-nach-Fuß-Untersuchung nach dem ABCDE-Schema.

23) Bei einem nicht kritischen Kind wird immer eine sofortige ABCDE-Untersuchung durchgeführt.

24) Zur Beurteilung der Kreislauffunktion gehören Hautfarbe, Blässe, Zyanose und Marmorisierung.

25) GEMS steht für Geriatrischer Patient, Eindrücke der Einsatzstelle, Medizinische Beurteilung und Soziale Beurteilung.

26) Ein geriatrischer Patient ist definiert durch ein Alter von mindestens 65 Jahren.

27) Zu den Eindrücken der Einsatzstelle gehören Zustand der Umgebung, Temperatur vor Ort und Hinweise auf Polypharmazie.

28) Die erhöhte Vulnerabilität geriatrischer Patienten umfasst das Risiko zum Verlust der Autonomie und Verschlechterung des Selbsthilfestatus.

29) Die medizinische Beurteilung unterscheidet nur zwischen traumatologischen und internistisch-neurologischen Patienten.

30) Zur sozialen Beurteilung gehören Hinweise auf mangelnde soziale Kontakte, Depression oder Missbrauch.

31) Das ABCDE-Schema wird universal bei traumatologischen, internistisch-neurologischen, pädiatrischen und geriatrischen Patienten angewendet.

32) Bei offensichtlichen lebensbedrohlichen Blutungen wird die Strategie in das C-ABCDE-Schema bzw. X-ABCDE-Schema geändert.

33) Das X im X-ABCDE-Schema steht für Exsanguination (Ausblutung).

34) Die ABCDE-Vorgehensweise gilt auch für Patienten mit Kreislaufstillstand.

35) Bei kritischen Patienten erfolgt eine regelmäßige Neubeurteilung alle 3-5 Minuten.

36) Die Kontrolle der Blutungsräume umfasst Abdomen, Becken und Oberschenkel.

37) Das Ziel der Sauerstoffgabe ist eine SpO2 > 90%.

38) Lebensrettende Schlüsselinterventionen erfolgen immer unmittelbar nach Feststellung des Problems.

39) Die erweiterte Beurteilung bei Trauma ist erst möglich, wenn der Patient nicht oder nicht mehr kritisch ist.

40) Die Initialbeurteilung von internistisch-neurologischen Patienten erfolgt standardisiert nach dem ABCDE-Schema.

41) Hauptbeschwerden und Leitsymptome werden frühzeitig gesucht und berücksichtigt.

42) Bei internistisch-neurologischen Patienten erfolgt im Gegensatz zu traumatologischen Patienten immer die erweiterte Beurteilung.

43) Das Ziel der Sauerstoffgabe ist eine SpO2 > 95% bei Hypoxie.

44) Der Grundsatz lautet: vom Leitsymptom über mögliche Differenzialdiagnosen zur wahrscheinlichsten Verdachtsdiagnose.

45) Die erweiterte Beurteilung erfolgt nur bei nicht kritischen Patienten.

46) Die Beurteilung der Vitalfunktionen und Regelkreise erfolgt bei Kindern standardisiert nach dem ABCDE-Schema.

47) Bei einem Ersteindruck mit kritischer Einstufung erfolgt die Initialbeurteilung ohne Verzögerung.

48) Bei einem nicht kritischen Kind wird eine primäre Kopf-nach-Fuß-Untersuchung durchgeführt.

49) Die Untersuchung des Kindes sollte behutsam auf Augenhöhe erfolgen.

50) Eltern oder Betreuer sollten wenn möglich in den Untersuchungsvorgang involviert werden.

51) Die erweiterte Beurteilung erfolgt nur bei kritischen Kindern.

52) Die Initialbeurteilung erfolgt bei geriatrischen Patienten standardisiert nach dem ABCDE-Schema.

53) Anatomisch-physiologische Besonderheiten und Veränderungen müssen berücksichtigt werden.

54) Bei geriatrischen Patienten wird nur zwischen traumatologischen und internistischen Problemen unterschieden.

55) Bei Visusminderung des Patienten sollte sich der Untersuchende im Blickfeld des Patienten befinden.

56) Bei Hörminderung sollte mit tiefer Stimme langsam und deutlich gesprochen werden.

57) Eine Unterpolsterung des Kopfes kann bei Kyphose notwendig sein.

58) Zahnprothesen sind bei der Atemwegskontrolle irrelevant.

59) Bei kritisch geriatrischen Traumapatienten erfolgt eine regelmäßige Neubeurteilung alle 3-5 Minuten.

60) Die erweiterte Beurteilung bei Traumapatienten erfolgt erst, wenn der Patient nicht mehr kritisch ist.

61) Bei internistisch-neurologischen Patienten erfolgt die erweiterte Beurteilung auch bei kritischem Patienten.

62) Das Ziel der Sauerstoffgabe ist eine SpO2 > 95% bei Hypoxie.

63) Interdisziplinäre Probleme wie ein Sturz aus innerer Ursache müssen nicht berücksichtigt werden.

64) Die erweiterte Beurteilung von Traumapatienten beinhaltet das SAMPLE-Schema zur Beurteilung der aktuellen Symptome und der Patientenvorgeschichte.

65) Das SAMPLE-Schema steht für Symptome, Allergien, Medikamente, Patientenvorgeschichte, Letzte Nahrungs- und Flüssigkeitsaufnahme und Ereignisse vor dem Trauma.

66) Die detaillierte Untersuchung dient zur Lokalisation weiterer, lebensbedrohlicher Verletzungen.

67) Bei der Kopfuntersuchung werden Stabilität, Deformationszeichen und Blutungen aus Nase, Ohr oder Mund beurteilt.

68) Die Halsuntersuchung umfasst die Kontrolle der Mittelstellung der Trachea.

69) Paradoxe Atmung und Mediastinalflattern sind pathologische Atemmuster, die bei der Thoraxuntersuchung beurteilt werden.

70) Bei der Abdominaluntersuchung werden nur Prellmarken und Abschürfungen beurteilt.

71) Priapismus kann ein Hinweis auf ein Wirbelsäulentrauma sein.

72) Bei der Rückenuntersuchung werden Fremdkörper, Blutungen und sensomotorische Defizite oder Ausfälle beurteilt.

73) Die DMS-Kontrolle steht für Durchblutung, Motorik und Sensorik.

74) Hautemphysem ist nur bei der Halsuntersuchung relevant.

75) Die Asymmetrie der Beckenkämme ist ein wichtiges Beurteilungskriterium bei der Beckenuntersuchung.

76) Die erweiterte Beurteilung bei internistisch-neurologischen Patienten erfolgt grundsätzlich bei kritischen und nicht kritischen Patienten.

77) Das SAMPLER-OPQRST-Schema wird zur Beurteilung der aktuellen Anamnese und der Patientenvorgeschichte sowie zur Beurteilung des Leitsymptoms verwendet.

78) Die fokussierte Untersuchung von auskunftsfähigen Patienten orientiert sich ausschließlich an den Angaben des Patienten und nicht an den Differenzialdiagnosen.

79) Bei der erweiterten Beurteilung werden zusätzlich zum 6-Kanal-EKG auch 12-Kanal-EKG, rechtsthorakale und dorsale Ableitungen durchgeführt.

80) Die orientierende Untersuchung bei nicht auskunftsfähigen Patienten erfolgt wie bei Traumapatienten von Kopf nach Fuß (kraniokaudal).

81) Die definitive Einteilung des internistisch-neurologischen Patienten erfolgt in die Kategorien: lebensbedroht, ernsthaft krank oder unkritisch.

82) Die erweiterte Beurteilung von Kindern ist nur bei kritischen pädiatrischen Patienten erforderlich.

83) Das SAMPLER-Schema bei Kindern entspricht inhaltlich dem Schema für Erwachsene, weist jedoch altersabhängige Besonderheiten auf.

84) Ältere Schulkinder und Adoleszente können Fragen aus dem OPQRST-Schema direkt und präzise beantworten.

85) Bei jüngeren Kindern ist das OPQRST-Schema in der direkten Befragung vollständig praktikabel.

86) Zur Schmerzbeurteilung wird bei kleineren Kindern die Wong Baker Face Pain Rating Scale (Smileys) verwendet.

87) Die Untersuchung kann auch gegen den Willen der Kinder oder Eltern durchgeführt werden.

88) Bei der Patientenvorgeschichte sind Impfpass und Vorsorgeuntersuchungsheft relevante Dokumente.

89) Vigilanzgeminderte oder bewusstlose Kinder werden nach dem IPPAF-Schema von Kopf nach Fuß untersucht.

90) Bei der Interpretation der Vitalzeichen müssen altersspezifische Normwerte berücksichtigt werden.

91) Die erweiterte Untersuchung von geriatrischen Patienten richtet sich nach der Art des Notfalls.

92) Bei interdisziplinären Ereignissen wie einem Sturz aus innerer Ursache sollten sowohl traumatologische als auch internistische Schemata abgefragt werden.

93) Das SAMPLER-SPLATT-Schema wird speziell bei geriatrisch-traumatologischen Patienten angewendet.

94) Stürze stellen bei geriatrischen Patienten die Hauptursache für Traumen dar.

95) Bei geriatrisch-internistischen Patienten haben Polypharmazie und neue Medikation eine besondere Bedeutung als häufiger Alarmierungsgrund.

96) Bei der Interpretation der Vitalzeichen müssen altersspezifische anatomisch-physiologische Veränderungen berücksichtigt werden.

97) Gerätediagnostik ist ein integraler Bestandteil in der Beurteilung von Patienten und kann die qualifizierte Patientenuntersuchung ersetzen.

98) Das 12-Kanal-EKG umfasst die Einthoven-Ableitungen I, II und III, die Goldberger-Ableitungen aVR, aVL, aVF und die Wilson-Ableitungen V1-V6.

99) Bei der ersten Blutdruckmessung sollte grundsätzlich eine auskultatorische Messung durchgeführt werden.

100) Kritische Patienten sollten alle 3-5 Minuten und nicht kritische Patienten alle 10-15 Minuten neu beurteilt werden.

101) Eine Neubeurteilung erfolgt nur bei geplanten Zeitintervallen, nicht bei Änderung der Patientensituation.

102) Nach der Durchführung lebensrettender Interventionen erfolgt immer eine Neubeurteilung.

Kardiopulmonale Notfallsituationen

In diesem umfangreichen Kapitel testest du dein Wissen zu den häufigsten internistischen Notfällen. Behandelt werden z. B. das akute Koronarsyndrom, Herzinsuffizienz, Lungenödem, hypertensive Krisen, Synkopen und Herzrhythmusstörungen.

Richtig oder falsch?

103) Das akute Koronarsyndrom (ACS) umfasst STEMI, NSTEMI und instabile Angina Pectoris.

104) NSTEMI und instabile Angina Pectoris werden unter der Begrifflichkeit NSTE-ACS zusammengefasst.

105) Das ACS entsteht häufig als Folge einer koronaren Herzkrankheit (KHK).

106) Arteriosklerose ist in 95% der Fälle Ursache für eine KHK.

107) KHK allein verursacht in Deutschland etwa 50% der Todesfälle.

108) Bei stabiler Angina Pectoris müssen alle vier Kriterien erfüllt sein: bekannte AP, bekannter Auslöser, spontanes Beenden durch Ruhe in <20 min und gutes Ansprechen auf Nitrate.

109) Instabile Angina Pectoris liegt vor, wenn mindestens ein Kriterium erfüllt ist, wie erstmalig aufgetretene AP oder AP aus dem Ruhezustand.

110) Die Prinzmetal-Angina ist eine Sonderform der stabilen Angina Pectoris.

111) Bei der Prinzmetal-Angina treten ST-Streckenhebungen im EKG auf.

112) Beim Myokardinfarkt Typ 1 kommt es zur Ruptur, Ulzeration oder Erosion einer atherosklerotischen Plaque.

113) STEMI wird diagnostiziert bei ST-Streckenhebungen >0,1 mV in zwei benachbarten Ableitungen.

114) In V2-V3 sind ST-Streckenhebungen >0,2 mV bei Männern >40 Jahren für STEMI erforderlich.

115) Herzrhythmusstörungen sind die häufigste Komplikation in der Akutphase des AMI.

116) 50% der Kreislaufstillstände treten innerhalb der ersten 15 Minuten nach Symptombeginn auf.

117) Das 12-Kanal-EKG sollte innerhalb der ersten 10 Minuten nach Patientenkontakt durchgeführt werden.

118) Bei ST-Streckenhebung in Abl. I, II, aVF sollten zusätzlich V3r-V6r abgeleitet werden.

119) Hochdosierte Sauerstoffgabe sollte nur bei Dyspnoe und Zeichen einer respiratorischen Insuffizienz erfolgen.

120) Intramuskuläre Injektionen sind wegen bevorstehender Lysetherapie kontraindiziert.

121) Nitrate sind bei dekompensierter Rechtsherzinsuffizienz kontraindiziert.

122) ASS wird bei STEMI und NSTE-ACS in einer Dosierung von 150-300 mg gegeben.

123) Bei STEMI beträgt die Heparindosis 70-100 IE/kg KG, maximal 5000 IE.

124) Die Zielsetzung ist eine Patientenübergabe im Herzkatheterlabor nach Erstkontakt idealerweise <90 Minuten, spätestens nach 120 Minuten.

125) Herzinsuffizienz ist die Unfähigkeit des Herzens, das vom Organismus benötigte Herzzeitvolumen zu fördern.

126) NYHA IV bedeutet Unfähigkeit, körperliche Aktivitäten ohne Beschwerden auszuüben, mit möglichen Ruhesymptomen.

127) Akut dekompensierte Linksherzinsuffizienz kann durch isolierten Linksherzinfarkt oder hypertensiven Notfall ausgelöst werden.

128) Dekompensierte Linksherzinsuffizienz mit Rückwärtsversagen führt zu kardialem Lungenödem.

129) Bei akut dekompensierter Herzinsuffizienz kommt es zur Verminderung der myokardialen Kontraktilität und des Herzminutenvolumens.

130) Typische Zeichen der akut dekompensierten Linksherzinsuffizienz sind Dyspnoe, Orthopnoe und feinblasige Rasselgeräusche.

131) Bei akut dekompensierter Rechtsherzinsuffizienz treten Halsvenenstauung und periphere Ödeme auf.

132) Bei dekompensierter Rechtsherzinsuffizienz sollte eine Vorlastsenkung durch Nitrate erfolgen.

133) Bei akut dekompensierter Linksherzinsuffizienz kann Glyceroltrinitrat 0,4-1,2 mg zur Vorlastsenkung gegeben werden.

134) Furosemid 20-40 mg i.v. dient der Vorlastsenkung und Steigerung der Diurese.

135) Die Herzinsuffizienz stellt im klassischen Sinn ein eigenständiges Krankheitsbild dar.

136) Kardiales Lungenödem entsteht durch Stauung des Blutes im Lungenkreislauf mit pulmonalvenöser und pulmonalkapillärer Hypertonie.

137) Die Flüssigkeit tritt zuerst ins Interstitium und anschließend in die Alveolen aus.

138) Akuter Myokardinfarkt ist eine mögliche Ursache für kardiales Lungenödem.

139) Bei interstitiellem Lungenödem tritt ein giemendes, obstruktives Atemgeräusch auf.

140) Distanzrasseln bei ausgeprägtem Lungenödem ist ohne Stethoskop hörbar.

141) Bei kardialem Lungenödem sollte der Patient bei Kreislaufstabilität in Herzbettlagerung gebracht werden.

142) Die Sauerstoffgabe erfolgt mit 10-15 l/min über Sauerstoffmaske mit Reservoir.

143) NIV-Therapie ist bei SpO2 <90% trotz Sauerstoffgabe >6 l/min indiziert.

144) NIV-Therapie ist bei akuter Vigilanzminderung oder Bewusstlosigkeit kontraindiziert.

145) Hypertensive Krise ist definiert als Blutdruckanstieg >180 mmHg systolisch bzw. >120 mmHg diastolisch mit klinischer Symptomatik ohne Organdysfunktion.

146) Hypertensiver Notfall führt zu einer Organmanifestation am Herzen und/oder Gehirn.

147) Primäre Hypertonie macht etwa 50% aller Hypertoniker aus.

148) Bei hypertensiver Krise kommt es zur zerebralen Hyperperfusion mit erhöhter Fließgeschwindigkeit des Blutes.

149) Typ-A-Dissektionen der Aorta können eine Komplikation des hypertensiven Notfalls darstellen.

150) Bei hypertensiver Enzephalopathie können Bewusstseinsstörungen bis zum Koma auftreten.

151) Eine RR-Differenz >20 mmHg zwischen beiden Armen kann auf eine Aortendissektion hinweisen.

152) Bei hypertensiver Krise sollte der Patient aufrecht sitzend gelagert werden.

153) Die maximale RR-Senkung sollte 50% des gemessenen Ausgangswerts nicht überschreiten.

154) Urapidil wird in einer Dosierung von 5-10 mg titriert bis zum Zielwert gegeben.

155) Nitrendipin 5 mg p.o. ist bei ACS oder AMI <4 Wochen kontraindiziert.

156) Bei hypertensiver Enzephalopathie mit Verdacht auf Schlaganfall sollte der systolische Blutdruck um 15% des Ausgangswerts gesenkt werden.

157) Sekundäre Hypertonie macht etwa 90% aller Hypertoniker aus.

158) Der klassische Schellong-Test wird über 5 Minuten durchgeführt.

159) Ein positiver Schellong-Test liegt vor, wenn der systolische Blutdruck um mehr als 20 mmHg abfällt.

160) Eine Synkope im Liegen deutet meist auf eine harmlose vasovagale Ursache hin.

161) Die 4 Säulen der Basisdiagnostik bei Synkope umfassen u.a. das 12-Kanal-EKG.

162) Kardiale Synkopen entwickeln sich immer lageabhängig.

163) Bei der Therapie einer Synkope soll der Patient in Flachlagerung gebracht werden.

164) Atropin wird bei Bradykardie mit einer Maximaldosis von 3 mg gegeben.

165) Der aktive Stehtest ist Teil der Basisdiagnostik und dauert mindestens 3 Minuten.

166) Bei Hinweisen auf ein Trauma sind NEXUS-Kriterien zu beachten.

167) Synkopen werden niemals von sturzbedingten Traumata begleitet.

168) Eine balancierte Vollelektrolytinfusion (VEL) gehört zur Standardtherapie.

169) Synkope ist eine eigenständige Diagnose und kein Symptom.

170) Eine tachykarde Herzrhythmusstörung ist definiert als QRS-Frequenz > 100/min.

171) Sinustachykardien erfordern immer eine gezielte antiarrhythmische Therapie.

172) Die 4 Instabilitätszeichen nach AHA/ERC sind Schock, Synkope, Myokardischämie und Herzinsuffizienz.

173) Das modifizierte Valsalva-Manöver beinhaltet 15 Sekunden in eine 20-ml-Spritze blasen.

174) Bei stabilen Schmalkomplextachykardien wird Adenosin 6 mg als Bolusinjektion gegeben.

175) Bei instabilen Breitkomplextachykardien beträgt die Energie für den 1. Schock 50-100 Joule.

176) Eine AVNRT ist der häufigste Typ einer supraventrikulären Tachykardie.

177) Bei erfolgloser Kardioversion nach drei Versuchen wird Amiodaron 150-300 mg gegeben.

178) Torsade-de-Pointes-Tachykardie hat ihren Ursprung im Vorhof.

179) Bei instabilen Patienten erfolgt eine unmittelbare elektrische Kardioversion.

180) Hyperthyreose kann eine Ursache für tachykarde Herzrhythmusstörungen sein.

181) Eine Analgesie darf die lebensrettende Kardioversion verzögern.

182) Bei unregelmäßigen Schmalkomplextachykardien wird Metoprolol 2,5-5 mg gegeben.

183) Die Verkürzung der diastolischen Füllungszeit führt zur Verminderung des Herzminutenvolumens.

184) Eine bradykarde Herzrhythmusstörung ist definiert als QRS-Frequenz < 60/min.

185) Sinusbradykardien ohne hämodynamische Auswirkungen erfordern eine antiarrhythmische Therapie.

186) Die 4 Instabilitätszeichen sind Schock, Synkope, Myokardischämie und Herzinsuffizienz.

187) Atropin wird nach ERC-Leitlinie 2021 mit 0,5 mg alle 3-5 min bis max. 3 mg gegeben.

188) Bei Breitkomplexbradykardien ist ein Notarztruf erforderlich.

189) Hypothermie kann eine reversible Ursache für Bradykardie sein.

190) Bei transthorakaler Schrittmachertherapie wird der Modus DEMAND verwendet.

191) Die Stimulationsfrequenz beim Pacing beträgt in der Regel 70-80/min.

192) Epinephrin über Perfusor wird mit 2-10 µg/min dosiert.

193) Ein AV-Block III° ist auch als kompletter AV-Block bekannt.

194) Betablocker können unerwünschte Arzneimittelwirkungen als Ursache sein.

195) Bei instabilen Bradykardien sollte der Oberkörper immer flach gelagert werden.

196) Die Stimulationsenergie beim Pacing wird in 5-mA-Schritten gesteigert.

197) Nur bei symptomatischen Sinusbradykardien erfolgt eine frequenzsteigernde Therapie.

198) Thromboembolisches Material aus Bein-/Beckenvenen ist die Hauptursache für etwa 90% der LAE.

199) Eine fulminante LAE entspricht Grad IV mit >70% Okklusion.

200) Das McGinn-White-Syndrom zeigt sich als SIQIII-Typ im EKG.

201) Plötzlich einsetzende Dyspnoe tritt bei 80% der Patienten auf.

202) Eine erniedrigte etCO2 kann ein Hinweis auf LAE sein.

203) Bei LAE sollten keine i.m. Injektionen wegen bevorstehender Lysetherapie erfolgen.

204) Nitrate zur Vorlastsenkung sind bei Rechtsherzbeteiligung kontraindiziert.

205) Heparin wird prophylaktisch mit 5.000 IE i.v. gegeben.

206) Eine Fettembolie tritt meist sofort nach Fraktur großer Röhrenknochen auf.

207) Bei Kreislaufstillstand durch LAE wird eine prolongierte Reanimation von 60-90 min empfohlen.

208) Gestaute Halsvenen treten bei 80% der Patienten mit akuter Rechtsherzbelastung auf.

209) Die SpO2 ist typischerweise auf über 90% erhöht.

210) Ein vorsichtiger Volumenbolus bei Rechtsherzbelastung sollte <500 ml über 15-30 min betragen.

211) ACS und LAE sind präklinisch leicht voneinander unterscheidbar.

212) Die 6P-Regel beschreibt die Symptomatik des akuten arteriellen Verschlusses.

213) Arteriosklerose ist die häufigste Ursache der pAVK.

214) Stadium IIb der pAVK bedeutet eine schmerzfreie Gehstrecke >200m.

215) Bei der Lagerung sollte die betroffene Extremität tief gelagert werden.

216) Das Postischämie-Syndrom tritt nach längerer Ischämiezeit von 5-6 Stunden auf.

217) Patienten sollten mobilisiert werden um die Durchblutung zu fördern.

218) Heparin 5.000 IE i.v. wird als Antikoagulans gegeben.

219) Pulselessness bedeutet Pulslosigkeit distal des Verschlusses.

220) Kein Venenzugang sollte in die betroffene Extremität gelegt werden.

221) Die Virchow-Trias beschreibt die Pathogenese der Thrombenbildung.

222) Bei Verschluss oberflächlicher Venen spricht man von tiefer Venenthrombose (TVT).

223) Arterielle Pulse an der betroffenen Extremität sind vorhanden.

224) Die betroffene Extremität sollte hoch gelagert werden.

225) Patienten dürfen mobilisiert werden ohne Gefahr einer Lungenembolie.

226) Die Haut der betroffenen Extremität ist typischerweise rötlich-livide verfärbt.

227) Das akute Aortensyndrom umfasst Aortendissektion, intramurale Hämatome und penetrierende Aortenulzera.

228) Ein Aneurysma verum ist ein echtes Aneurysma mit Aussackung aller Gefäßschichten.

229) Thorakale Aortenaneurysmen (TAA) machen etwa 85% aller Aortenaneurysmen aus.

230) Stanford Typ A Dissektionen betreffen die Aorta ascendens.

231) 70% der TAA-Fälle betreffen die Aorta ascendens.

232) Typ-A-Dissektionen treten am häufigsten zwischen dem 60.-70. Lebensjahr auf.

233) Eine RR-Differenz >20 mmHg zwischen beiden Armen deutet auf eine Dissektion hin.

234) Bei Verdacht auf Dissektion sollten alle Folgemessungen am Arm mit höherem Blutdruck erfolgen.

235) Patienten mit Aortendissektion dürfen mobilisiert werden.

236) Bei Ruptur wird eine permissive Hypotonie mit RR systolisch 80-90 mmHg angestrebt.

237) Urapidil wird mit 5-10 mg titriert bei Antihypertonikabehandlung.

238) Bauchaortenaneurysmen haben einen Durchmesser >3 cm.

239) Männer sind im Verhältnis 6:1 häufiger von BAA betroffen als Frauen.

240) 95% der BAA liegen oberhalb des Nierenarterienabgangs.

241) 6 cm Durchmesser entspricht 7% Zunahme der Rupturgefahr pro Jahr.

242) Asymptomatische BAA haben einen Durchmesser von etwa 3-4 cm.

243) Symptomatische BAA zeigen stabile Kreislaufverhältnisse.

244) Frei rupturierte BAA haben eine Mortalitätsrate von 85%.

245) Bei BAA-Verdacht darf die Palpation kräftig erfolgen.

246) Abgeschwächte Femoralispulse können bei BAA auftreten.

247) Bei Ruptur werden zwei großlumige Venenzugänge zur Volumentherapie benötigt.

248) Thoraxschmerzen treten bei Typ A in 80% und bei Typ B in 70% der Fälle auf.

249) Aorteninsuffizienz tritt bei Typ B Dissektionen häufiger auf als bei Typ A.

250) Synkope tritt bei Typ A in 15% der Fälle auf.

251) Ein Pulsdefizit tritt bei Typ A häufiger auf als bei Typ B.

252) Bei Dissektion erfolgt schonender Transport nach Stabilisierung vor Ort.

253) Anaphylaxie ist eine schwere, lebensbedrohliche, generalisierte oder systemische Hypersensitivitätsreaktion.

254) Der anaphylaktische Schock verursacht einen distributiven Schock.

255) Bei Schweregrad I wird bereits Epinephrin i.m. gegeben.

256) Ab Schweregrad II erfolgt die frühestmögliche Gabe von Epinephrin i.m.

257) Erwachsene erhalten 0,5 mg Epinephrin unverdünnt i.m.

258) Kinder unter 6 Jahre erhalten 0,3 mg Epinephrin unverdünnt i.m.

259) Bei inspiratorischem Stridor wird Epinephrin 2-5 mg unverdünnt vernebelt.

260) Salbutamol wird bei exspiratorischem Stridor mit 2,5-5 mg unverdünnt vernebelt.

261) Erwachsene erhalten 500-1.000 ml balancierte VEL.

262) Das Ziel der Volumentherapie ist ein systolischer RR > 90 mmHg.

263) Kinder erhalten 20 ml/kg KG balancierte VEL.

264) H_1-Rezeptorenblocker wie Dimetinden werden mit 0,1 mg/kg KG i.v. dosiert.

265) Kortikosteroide werden bei Erwachsenen mit 250-500 mg i.v. gegeben.

266) Bei anaphylaktischem Schock mit A+B-Problem wird der Oberkörper 45-60° erhöht gelagert.

267) IgE-vermittelte und IgE-unabhängige Reaktionen münden in eine gemeinsame pathophysiologische Endstrecke.

268) Histamin verursacht durch H_1-Rezeptoren Vasodilatation und Bronchiolenspasmus.

269) Die Schweregradskala hat 4 Grade nach der DGAKI-Klassifikation.

270) Leukotriene (SRS-A) erhöhen die Gefäßpermeabilität und verursachen Bronchiolenspasmus.

271) Eine Verzögerung der Epinephringabe bei gesichertem Verdacht ist akzeptabel.

272) Spätreaktionen können erst 6-12 Stunden nach dem Kontakt auftreten.

273) Schock ist definiert als akute Kreislaufinsuffizienz mit relativem oder absolutem Missverhältnis zwischen dem zirkulierenden Volumen und der Gefäßkapazität.

274) Schock ist ein eigenständiges Krankheitsbild.

275) Es werden vier Schockformen unterschieden: hypovolämischer, kardiogener, obstruktiver und distributiver Schock.

276) Der anaphylaktische Schock gehört zu den distributiven Schockformen.

277) Stadium I des hypovolämischen Schocks beginnt ab einem Blutverlust von 1000 ml.

278) Im Stadium I des hypovolämischen Schocks kommt es zur Auslösung der initialen Schockreaktionen ab einem Blutverlust von 500 ml.

279) Tachykardie ist ein frühes Zeichen des kompensierten Schocks.

280) Im Stadium I des hypovolämischen Schocks ist der Blutdruck durch Kompensationsmechanismen noch normoton.

281) Stadium II des hypovolämischen Schocks beginnt bei einem Volumenverlust von mehr als 1000 ml oder mehr als 20% des zirkulierenden Volumens.

282) Im Stadium II kommt es zur Zentralisation mit Umverteilung des Volumens.

283) Der kritische Verschlussdruck an terminalen Arteriolen liegt bei weniger als 20 mmHg.

284) Im Stadium II kommt es zur Ausschüttung von Endothelin aus dem Endothel der Arteriolen.

285) Stadium III des hypovolämischen Schocks ist durch drei pathophysiologische Kriterien gekennzeichnet: metabolische Azidose, Ausfall des Zitratzyklus und extrazellulärer Natriummangel.

286) Im Stadium III kommt es zum Kreislaufstillstand mit pulsloser elektrischer Aktivität (PEA).

287) Eine verzögerte Rekapillarisierungszeit liegt vor, wenn sie mehr als 2 Sekunden beträgt.

288) Bei Klasse I des hämorrhagischen Schocks beträgt der Blutverlust weniger als 750 ml oder weniger als 15% des totalen Blutvolumens.

289) Bei Klasse IV des hämorrhagischen Schocks ist die Herzfrequenz über 140 Schläge pro Minute.

290) Die Urinausscheidung bei Klasse III des hämorrhagischen Schocks beträgt 5-15 ml/h.

291) Bei äußeren Blutungen hat das C-ABCDE-Schema Vorrang vor dem ABCDE-Schema.

292) Die permissive Hypotonie bei unkontrollierter Hämorrhagie ohne SHT liegt bei einem systolischen RR von 80-90 mmHg.

293) Bei unkontrollierter Hämorrhagie mit SHT soll der systolische RR mindestens 90 mmHg betragen.

294) Tranexamsäure (TXA) wird als Antifibrinolytikum mit 1 g als Kurzinfusion über 10 min gegeben.

295) TXA ist noch 6 Stunden nach Blutungsbeginn wirksam.

296) Die Schocklage ist bei Traumapatienten kontraindiziert.

297) Der kardiogene Schock ist primär durch eine kritische Verminderung der kardialen Pumpleistung gekennzeichnet.

298) Rhythmogene Ursachen des kardiogenen Schocks umfassen tachykarde und bradykarde Herzrhythmusstörungen.

299) Ein AV-Block III° kann einen kardiogenen Schock auslösen.

300) Im kardiogenen Schock kommt es zur Aktivierung des Renin-Angiotensin-Aldosteron-Systems.

301) Bei kardiogenem Schock sind intramuskuläre Injektionen kontraindiziert wegen bevorstehender Lysetherapie.

302) Die ASS-Dosis bei ACS beträgt 150-300 mg i.v.

303) Die Letalität des kardiogenen Schocks bei akutem Myokardinfarkt liegt bei 50-80%.

304) 5-10% aller Patienten mit ACS erleiden einen kardiogenen Schock.

305) Dem obstruktiven Schock liegt eine extrakardiale Flussbehinderung oder intra-/extrakardiale Füllungsbehinderung zugrunde.

306) Die Lungenarterienembolie führt zu einer Erhöhung der rechtsventrikulären Nachlast.

307) Der Spannungspneumothorax verursacht eine extrakardiale Füllungsbehinderung.

308) Die Beck-Trias bei Perikardtamponade umfasst zentralvenöse Hypertonie, arterielle Hypotonie und abgeschwächte Herztöne.

309) Bei obstruktivem Schock durch Spannungspneumothorax ist die Nadeldekompression eine lebensrettende Schlüsselintervention.

310) Bei akuter LAE kann ein vorsichtiger Volumenbolus von weniger als 500 ml über 10-30 min gegeben werden.

311) Der neurogene Schock ist eine Verteilungsstörung des zirkulierenden Blutvolumens.

312) Beim neurogenen Schock fehlt die kompensatorische Tachykardie.

313) Beim neurogenen Schock kommt es zur Zentralisation wie bei anderen Schockformen.

314) Der neurogene Schock kann durch Halswirbelsäulentrauma ausgelöst werden.

315) Beim neurogenen Schock sind die peripheren Pulse vorhanden (keine Zentralisation).

316) Eine Spontanerektion kann ein Zeichen für neurogenen Schock sein.

317) Der Begriff „spinaler Schock" sollte synonym für neurogenen Schock verwendet werden.

318) Beim neurogenen Schock kann eine zügige Volumentherapie von 500-2000 ml VEL erfolgen.

319) Atropinsulfat wird bei bradykarden Herzrhythmusstörungen mit 0,5 mg alle 3-5 min bis max. 3 mg i.v. gegeben.

320) Die Immobilisation ist beim neurogenen Schock durch Wirbelsäulentrauma essentiell.

321) Bei bewusstlosen Patienten mit neurogenenem Schock erfolgt die Lagerung in Flachlagerung in Inline-Position.

322) Esketamin kann beim neurogenen Schock zur Analgesie verwendet werden.

323) Der absolute Volumenmangel beschreibt den absoluten Verlust des zirkulierenden Volumens.

324) Der relative Volumenmangel beschreibt die Fehlverteilung des zirkulierenden Volumens innerhalb der drei Flüssigkeitsräume.

325) Traumatisch-hämorrhagischer Schock entsteht durch Blutverlust nach innen oder außen durch ein Trauma.

326) Hitzeerschöpfung kann einen hypovolämischen Schock verursachen.

327) Es werden zwei Formen unterschieden: allergisches (extrinsisches) und nichtallergisches (intrinsisches) Asthma.

328) Die Asthma-Trias nach Virchow umfasst Spasmus der Bronchialmuskulatur, Ödem der Bronchialschleimhaut und Hyper-/Dyskrinie.

329) Bei einem leichten Asthmaanfall liegt die Atemfrequenz über 25/min.

330) Ein schwerer Asthmaanfall ist durch Sprechdyspnoe, AF > 25/min und HF > 110/min charakterisiert.

331) Silent lung beim lebensbedrohlichen Anfall bedeutet fehlende Atemgeräusche.

332) Die Zielsauerstoffsättigung liegt bei 92-95% bzw. 93-95%.

333) Bei kreislaufstabilem Zustand erfolgt die Lagerung mit Oberkörper 60-90° erhöht.

334) Salbutamol wird mit 2,5-5 mg unverdünnt inhalativ gegeben.

335) Ipratropiumbromid wird mit 250 µg unverdünnt inhalativ verabreicht.

336) Methylprednisolon/Prednisolon wird mit 50-100 mg bzw. 1 mg/kg KG i.v. gegeben.

337) Magnesiumsulfat wird bei systemischer Bronchodilatation mit 2 g i.v. in 100 ml NaCl 0,9% als Kurzinfusion über 20 min verabreicht.

338) COPD ist charakterisiert durch eine persistierende Limitierung des Atemflusses, die normalerweise im Verlauf fortschreitet.

339) Bei COPD ist die Obstruktion vollständig reversibel wie beim Asthma.

340) Rauchen ist die Hauptursache für COPD.

341) COPD beginnt in der Regel mit produktivem Husten (Raucherhusten).

342) Das Atemzentrum bei COPD-Patienten ist an erhöhten pCO2 adaptiert und die Regulation erfolgt über pO2.

343) Die kontrollierte Sauerstofftherapie bei COPD zielt auf eine SpO2 von 91-92%.

344) Bei akuter Exazerbation kommt es zu exspiratorischem Giemen, oft als Distanzgiemen hörbar.

345) Salbutamol wird bei COPD-Exazerbation mit 2,5-5 mg unverdünnt inhalativ gegeben.

346) Ipratropiumbromid wird mit 500 µg unverdünnt inhalativ verabreicht.

347) Durch den geblähten Thorax bei COPD ist eventuell ein hoher Kraftaufwand zur Thoraxkompression bei Kreislaufstillstand notwendig.

348) Eine Exazerbation der COPD ist definiert als Akutereignis mit Verschlechterung der respiratorischen Symptome über die normalen Tagesschwankungen hinaus.

349) Das Hyperventilationssyndrom charakterisiert sich durch eine psychisch bedingte, anfallsartig auftretende Tachypnoe und Hyperpnoe mit typischen tetanischen Symptomen.

350) Das Hyperventilationssyndrom manifestiert sich vor allem im zweiten und dritten Lebensjahrzehnt.

351) Beim Hyperventilationssyndrom kommt es häufig bei über 60-Jährigen vor.

352) Die CO2-Abatmung ist größer als die CO2-Produktion, was zur Hypokapnie führt.

353) Hypokapnie liegt vor, wenn der pCO2 unter 35 mmHg fällt.

354) Beim Hyperventilationssyndrom kommt es zur respiratorischen Alkalose.

355) Karpopedalspasmen (Pfötchenstellung) sind ein typisches neuromuskuläres Symptom.

356) Die Therapie der Wahl ist die CO2-Rückatmung mittels Hyperventilationsmaske.

357) Bei der CO2-Rückatmung mit Sauerstoffmaske muss das Rückschlagventil der Maske entfernt werden.

358) Midazolam wird nur bei erfolgloser CO2-Rückatmung oder Rezidiven eingesetzt.

359) Kalziumgabe ist die Therapie der Wahl bei relativer Hypokalzämie.

360) Bei kreislaufstabilem Zustand erfolgt die Lagerung mit Oberkörper 60-90° erhöht oder sitzende Lagerung.

361) Das unklare Abdomen und das akute Abdomen sind eigenständige Krankheitsbilder.

362) Das akute Abdomen ist ein lebensbedrohlicher Zustand mit drei Leitsymptomen: abdominale Schmerzen, Abwehrspannung und Kreislaufinsuffizienz.

363) Das unklare Abdomen ist definiert als akuter Bauchschmerz unklarer Genese ohne akute vitale Funktionsstörung.

364) Kolikschmerz ist charakterisiert durch wellenförmigen, wehrenartigen Schmerz.

365) Perforationsschmerz nimmt nach der Perforation des Organs kontinuierlich zu.

366) Viszeraler Schmerz projiziert sich häufig in die Mittellinie des Abdomens und ist meist diffus.

367) Parietaler Schmerz ist sehr ausgeprägt und ziemlich genau am auslösenden Ort lokalisierbar.

368) Schmerzen in der linken Schulter können auf eine Reizung des Zwerchfells hinweisen.

369) Schmerzen in der rechten Schulter deuten typischerweise auf Leber- und Gallenblasenreizung hin.

370) Das Murphy-Zeichen ist ein Druckschmerz im rechten Oberbauch bei Inspiration mit Inspirationsstopp.

371) Die 6 F-Regel für Gallensteine umfasst: Fat, Female, Fair, Fourty, Fertile, Family.

372) Der Mc-Burney-Punkt ist ein typisches Appendizitiszeichen mit Druckschmerz.

373) Bei Appendizitis beträgt der Temperaturunterschied axillar-rektal mehr als 1°C.

374) Das Cullen-Zeichen bei Pankreatitis zeigt livide Hautverfärbungen im Bauchnabelbereich.

375) Koterbrechen (Miserere) ist typisch für einen mechanischen Ileus.

376) Der Mesenterialinfarkt hat ein freies Intervall von 7-12 Stunden mit dumpfen Bauchschmerzen.

377) Bei der Bauchuntersuchung soll die Auskultation vor der Palpation durchgeführt werden.

378) Bei jungen Frauen mit akutem Abdomen muss immer an eine extrauterine Gravidität gedacht werden.

379) Das hypoglykämische Koma ist der häufigste endokrinologische Notfall im Rettungsdienst.

380) Die Hypoglykämie ist definiert als Blutzuckerwerte unter 60 mg/dl bzw. unter 3,3 mmol/l.

381) Vegetative Symptome treten ab einem BZ < 50 mg/dl auf.

382) Neurologische Symptome beginnen ab BZ < 50-55 mg/dl.

383) Krampfanfälle treten ab BZ < 30 mg/dl auf.

384) Bei erhaltenen Schutzreflexen werden 5-10 g Glukose oral gegeben.

385) Bei reduzierten/erloschenen Schutzreflexen werden 8-10 g Glukose i.v./i.o. als 20-prozentige Lösung gegeben.

386) Glukose sollte immer auf 20-prozentige Lösung verdünnt werden wegen der Gefahr der Gewebeschädigung bei Paravasat.

387) Es werden zwei Formen des hyperglykämischen Komas unterschieden: diabetische Ketoazidose (DKA) und hyperosmolares hyperglykämisches Syndrom (HHS).

388) Die diabetische Ketoazidose (DKA) ist typisch für Typ-2-Diabetes.

389) Das hyperosmolare hyperglykämische Syndrom (HHS) ist typisch für Typ-2-Diabetes.

390) Bei der DKA liegt der Blutzucker zwischen 250-500 mg/dl.

391) Beim HHS liegt der Blutzucker über 600 mg/dl, teils über 1000 mg/dl.

392) Die Letalität der DKA liegt bei etwa 15%.

393) Kussmaul-Atmung und Azetonfötor sind typisch für die DKA.

394) Beim HHS kommt es zur Kussmaul-Atmung und Azetonfötor.

395) Die DKA entwickelt sich über Stunden bis Tage.

396) Das HHS entwickelt sich über Tage bis Wochen.

397) Präklinisch soll bei hyperglykämischem Koma Insulin verabreicht werden.

398) Bei hyperglykämischem Koma wird eine Volumentherapie mit 1000-2000 ml balancierter VEL durchgeführt.

399) Die Addison-Krise ist definiert als bedrohlichste Form einer akuten Nebenniereninsuffizienz.

400) Bei der primären Nebennierenrindeninsuffizienz ist nur die Cortisolproduktion betroffen.

401) Autoimmunadrenalitis ist die häufigste Ursache der primären Nebennierenrindeninsuffizienz mit 80-90%.

402) Bei der sekundären NNRI ist die Mineralokortikoidproduktion normal.

403) Hyperpigmentierung der Haut entsteht durch gesteigerte MSH-Ausschüttung bei erhöhtem ACTH.

404) Aldosteronmangel führt zu hypertoner Dehydratation.

405) Hyperkaliämie kann bei der Addison-Krise spitze T-Wellen im EKG verursachen.

406) Bei der Addison-Krise sollte präklinisch grundsätzlich eine Insulingabe erfolgen.

407) Die Kortisongabe ist der einzige kausale Therapieansatz im Rettungsdienst bei der Addison-Krise.

408) Pseudoperitonitis mit abdominalen Druckschmerzen kann Teil des Vollbilds der Addison-Krise sein.

409) Bei der Addison-Krise wird Prednisolon/ Methylprednisolon 25 mg i.v. empfohlen.

410) Das Waterhouse-Friederichsen-Syndrom entsteht durch hämorrhagische Nekrose bei Sepsis.

411) Die thyreotoxische Krise ist eine akut einsetzende, lebensbedrohliche Exazerbation einer bestehenden Hyperthyreose.

412) Die Letalität der thyreotoxischen Krise liegt bei 5-50%.

413) Jodzufuhr kann häufig eine thyreotoxische Krise auslösen.

414) Amiodaron kann bei bestehender Hyperthyreose eine thyreotoxische Krise auslösen.

415) Morbus Basedow ist eine Autoimmunerkrankung mit Autoantikörpern gegen die Schilddrüse.

416) Bei der thyreotoxischen Krise kommt es zu einer Bradykardie unter 100/min.

417) Stadium 1 der thyreotoxischen Krise ist durch Tachykardie über 150/min gekennzeichnet.

418) Exophthalmus tritt nur bei Morbus Basedow auf.

419) Fieber bis 41°C ist bei der thyreotoxischen Krise möglich.

420) Stadium 2 der thyreotoxischen Krise ist durch zusätzliche Bewusstseinsstörungen charakterisiert.

421) Stadium 3 zeigt Koma und Kreislaufversagen.

422) Hypotonie ist ein typisches Zeichen der thyreotoxischen Krise.

423) Bei der Therapie wird Urapidil 10 mg langsam i.v. als Antihypertonikum empfohlen.

424) Metamizol wird als Antipyretikum in einer Dosierung von 1 g i.v. über 15 min empfohlen.

425) Kortikosteroide wie Prednisolon 50 mg i.v. hemmen die Umwandlung von T4 zu T3.

426) Wärmeintoleranz und Schwitzen sind typische Symptome der Hyperthyreose.

427) Der auslösende Grund kann einige Zeit zurückliegen und sollte in der SAMPLER-Anamnese erfragt werden.

428) Jodhaltige Kontrastmittel können eine thyreotoxische Krise auslösen.

429) Der Transport sollte in eine Klinik mit internistischer Intensivstation erfolgen.

Unfallchirurgische Notfälle

Dieses Kapitel behandelt die Versorgung von Verletzungen und traumatischen Notfällen. Du testest dein Wissen über das Management von starken Blutungen, Amputationsverletzungen und Schädel-Hirn-Traumata. Weitere Schwerpunkte sind Wirbelsäulen-, Thorax-, Abdominal- und Beckentraumata sowie Extremitätenverletzungen. Auch Verbrennungen und Verbrühungen werden behandelt.

Richtig oder falsch?

430) Das Grundprinzip bei der Versorgung von Amputationen lautet „Life before limb = Leben vor Gliedmaßen".

431) Bei einer subtotalen Amputation sind noch Gewebebrücken vorhanden, die auf jeden Fall erhalten bleiben müssen.

432) Die Versorgung des Amputats und des Stumpfes erfolgt vor der Blutstillung und Vitalfunktionsstabilisierung.

433) Ein offenes SHT liegt vor, wenn die Dura mater eröffnet ist.

434) Die primäre Hirnschädigung ist präklinisch beeinflussbar.

435) Ein leichtes SHT entspricht einer Glasgow Coma Scale von 15-13 (Grad I).

436) Ein schweres SHT entspricht einer GCS von 8-3 (Grad III).

437) Die Cushing-Triade besteht aus bradykardem Druckpuls, Hypertonie und Cheyne-Stokes-Atmung.

438) Bei GCS unter 8 sollte eine Vorbereitung von Narkose, Intubation und Beatmung erfolgen.

439) Die Beatmung sollte mit dem Ziel der Hyperventilation bei etCO2 von 20-25 mmHg erfolgen.

440) Bei SHT mit unkontrollierter Hämorrhagie sollte ein systolischer RR über 90 mmHg angestrebt werden.

441) Die Vakuummatratze ist die Immobilisation der Wahl bei SHT.

442) Bei bewusstlosen Patienten erfolgt eine Flachlagerung unter kontinuierlichem Atemwegsmanagement.

443) Eine HWS-Orthese kann zu erhöhtem ICP durch Jugularvenenkompression führen.

444) Die IT-Clamp kann zur Blutstillung bei Kopfschwartenblutungen eingesetzt werden.

445) Das Wirbelsäulentrauma tritt häufig in Kombination mit einem SHT und/oder Polytrauma auf.

446) Bei einer Läsion von C2-C4 kann der Patient nicht mehr atmen.

447) Das alleinige Anwenden einer HWS-Orthese führt zu einer ausreichenden HWS-Immobilisierung.

448) Alle bewusstlosen Traumapatienten sollten immobilisiert werden.

449) Bei einer Läsion unterhalb Th1 kann der Patient die Beine nicht bewegen.

450) Das Spineboard wird zur schnellen Rettung favorisiert.

451) Ein Spannungspneumothorax entsteht durch einen Ventilmechanismus, bei dem Luft bei der Exspiration nicht mehr entweichen kann.

452) Ein Hämatothorax ist eine Blutansammlung im Pleuraspalt.

453) Die bevorzugt empfohlene Entlastungsstelle für die Nadeldekompression ist der 2. ICR medioklavikular.

454) Bei der Nadeldekompression sollte eine Punktionskanüle von mindestens 8 cm Länge verwendet werden.

455) Paradoxe Atmung ist ein Hinweis für Rippenfrakturen und knöcherne Verletzungen.

456) Bei einem Spannungspneumothorax fehlt immer der Radialispuls durch den obstruktiven Schock.

457) Hypersonorer Klopfschall deutet auf eine Luftansammlung hin.

458) Die Halsvenenstauung kann bei Hypovolämie trotz Spannungspneumothorax fehlen.

459) Bei hämorrhagischem Schock durch Hämatothorax wird eine permissive Hypotonie von 80-90 mmHg ohne SHT angestrebt.

460) Die Nadeldekompression ist eine definitive Therapie des Spannungspneumothorax.

461) Offene Thoraxtraumen sollten mit einem Chest Seal steril abgedeckt werden.

462) Bei bewusstlosen Patienten mit Thoraxtrauma sollte die stabile Seitenlage vermieden werden bei Verdacht auf Wirbelsäulentrauma.

463) Das Abdominaltrauma mit unkontrollierter Hämorrhagie stellt eine absolut zeitkritische Verletzung dar.

464) Das Kehr-Zeichen ist ein Schulterschmerz auf der linken Seite bei Milzruptur.

465) Eine Zunahme des Bauchumfangs ist ein sicheres Zeichen für eine intraabdominale Blutung.

466) Bei unkontrollierter Hämorrhagie ohne SHT wird eine permissive Hypotonie von 80-90 mmHg systolisch angestrebt.

467) Tranexamsäure (TXA) wird in einer Dosierung von 1 g als Kurzinfusion über 10 min empfohlen.

468) Bei Schwangeren mit unkontrollierter Hämorrhagie sollte eine permissive Hypotonie angestrebt werden.

469) Offene Bauchverletzungen sollten nur locker und steril abgedeckt werden.

470) Die Verbände bei offenen Bauchverletzungen sollten angefeuchtet werden zur Verhinderung einer Darmnekrose.

471) Bei Kindern gibt es aktuell Evidenz für eine permissive Hypotonie bei unkontrollierter Hämorrhagie.

472) Bei komplexen und/oder offenen Beckentraumen beträgt die Mortalität 50%.

473) Das KISS-Schema steht für Kinematik, Inspektion, Schmerzen und Stabilisation des Beckens.

474) Die Kinematik hat den höchsten Stellenwert bei der Beurteilung eines Beckentraumas.

475) Lebensbedrohliche Blutungen entstammen meist dem präsakralen und paravesikalen Venenplexus.

476) Eine korrekt angelegte Beckenschlinge über den Trochanteren kann schaden.

477) Weitere Untersuchungen und Manipulationen sollten bis zur bildgebenden Diagnostik vermieden werden.

478) Die Verletzung der Extremität ist eine häufige rettungsdienstliche Einsatzsituation.

479) Blutungen und Frakturen stehen bei Extremitätentraumen im Vordergrund.

480) Lebensbedrohliche Einzelverletzungen sind bei Extremitätentraumen häufig.

481) Multiple Frakturen der großen Röhrenknochen können dramatische Blutverluste hervorrufen.

482) Bei starken Blutungen gilt das X-ABCDE bzw. C-ABCDE Schema.

483) Die lebensrettende Schlüsselintervention lautet „Stop the bleeding".

484) Hämostyptika mit Chitosan sind unabhängig von einer traumainduzierten Koagulopathie wirksam.

485) Nach Woundpacking sollte manueller Druck für ca. 10 Minuten ausgeübt werden.

486) Bei unkontrollierter Hämorrhagie ohne SHT wird ein systolischer RR von 80-90 mmHg angestrebt.

487) Celox Gauze und QuickClot Combat Gauze sind Beispiele für Hämostyptika.

488) Der Transport sollte in ein Level-1-Traumazentrum erfolgen.

489) Verbrennungen entstehen durch thermische Einflüsse und können je nach Tiefe und Einwirkzeit auch darunterliegende Gewebe und Organe schädigen.

490) Bei Verbrennungen Grad I ist nur die Epidermis betroffen und zeigt Hautrötung und Schmerzen.

491) Bei Verbrennungen Grad III ist eine Spontanheilung noch möglich.

492) Die Rule of 10 für Erwachsene besagt: % verbrannte Körperoberfläche aufgerundet auf die nächste 10er-Größe x 10 ml.

493) Bei Kindern entspricht die Handfläche mit Fingern 1% der verbrannten Körperoberfläche.

494) Verbrennungen Grad IV zeigen eine vollkommene Zerstörung aller Hautschichten mit möglicher Knochen- und Sehnenbeteiligung.

495) Bei Inhalationstrauma sollte Salbutamol 2,5-5 mg unverdünnt vernebelt werden.

496) Bei Verbrennungen über 50% VKOF mit kritischem B- und/oder C-Problem ist eine Intubation indiziert.

497) Bei thermomechanischem Kombinationstrauma wird eine permissive Hypotonie von 80-90 mmHg ohne SHT angestrebt.

498) Verbrennungen bei Kindern unter 8 Jahren erfordern den Transport in ein Verbrennungszentrum.

499) TXA wird bei traumatisch-hämorrhagischem Schock in einer Dosierung von 1 g über 10 min empfohlen.

500) Die Parkland-Formel nach Baxter sollte präklinisch angewendet werden.

501) Lipophile Noxen wie Aldehyde verursachen eine verzögerte Schädigung in den unteren Atemwegen.

502) Unter einem Polytrauma versteht man die gleichzeitige Verletzung verschiedener Körperregionen, wobei mindestens eine Verletzung oder die Kombination aller Verletzungen akut lebensbedrohlich ist.

503) Das Grundprinzip bei Polytrauma lautet „treat first what kills first".

504) Bei lebensbedrohlichen äußeren Blutungen wird das X-ABCDE- bzw. C-ABCDE-Schema angewendet.

505) Die strukturierte Herangehensweise nach PHTLS umfasst Beurteilung der Einsatzstelle, Ersteindruck und Initialbeurteilung nach ABCDE-Schema.

506) Im D-Teil der ABCDE-Beurteilung wird der Neurostatus erhoben und die Glasgow Coma Scale bestimmt.

507) Die erweiterte Beurteilung erfolgt nach dem SAMPLE-Schema bei nicht kritischen Patienten.

508) Das IPPAF-Schema steht für Inspektion, Palpation, Perkussion, Auskultation und Funktionskontrolle.

509) Kritische Patienten mit unkontrollierter Hämorrhagie haben Behandlungs- und Transportpriorität.

510) Die detaillierte Untersuchung bei nicht auskunftsfähigen Patienten erfolgt nach dem kraniokaudalen Prinzip.

Notfallmedizin bei Kindern und Säuglingen

In diesem Kapitel geht es um die besonderen Herausforderungen bei der Versorgung von Kindernotfällen. Behandelt werden Fieberkrämpfe, Dehydratation und das Krupp-Syndrom. Weitere Themen sind Fremdkörperaspiration, Asthmaanfälle bei Kindern sowie pädiatrische Traumata und Verbrennungen. Auch sensible Bereiche wie Kindesmisshandlung und der plötzliche Kindstod stehen im Fokus.

Richtig oder falsch?

511) Die Ermittlung des Ersteindrucks bei pädiatrischen Patienten erfolgt ohne körperlichen Kontakt durch audiovisuelle Elemente.

512) TICLS steht für Tonus, Interaktivität, Consolability, Look/Gaze und Sprache/Weinen.

513) Bei einem kritischen Kind erfolgt eine verzögerte Initialbeurteilung nach Kontaktaufnahme und Vertrauensbildung.

514) Der Fieberkrampf ist die häufigste Ursache kindlicher Krampfanfälle.

515) Fieberkrämpfe treten überwiegend in der Altersgruppe von 6 Monaten bis zum 5. Lebensjahr auf.

516) Ein krampfendes Kind wird beim Fieberkrampf häufig vom Rettungsdienst angetroffen.

517) Fieberkrämpfe entstehen durch raschen Fieberanstieg meist im Rahmen eines banalen Virusinfekts.

518) Bei Krampfanfällen mit mehr als 15 min Dauer spricht man von einem komplizierten Krampfanfall.

519) Midazolam wird bei Kindern unter 13 kg mit 0,2 mg/kg KG i.m. als erste Wahl empfohlen.

520) Paracetamol Suppositorium wird bis zum 1. Lebensjahr mit 125 mg dosiert.

521) Die meisten Fieberkrämpfe verlaufen unkompliziert und sistieren von allein.

522) Unter einer Dehydratation versteht man den Mangel an Körperwasser (Austrocknung).

523) Kinder reagieren auf Flüssigkeitsmangel deutlich empfindlicher als Erwachsene.

524) Eine eingesunkene Fontanelle ist ein Zeichen der Hypovolämie und Exsikkose bei Säuglingen.

525) Kinder kompensieren eine Hypovolämie aufgrund ausgeprägterer Vasokonstriktion längere Zeit gut, dekompensieren dann aber schlagartig.

526) Die Volumentherapie bei Hypovolämie erfolgt mit balancierter VEL 20 ml/kg KG.

527) Man unterscheidet isotone, hypotone und hypertone Dehydratation je nach Verhältnis von Wasser und Kalium.

528) Die Laryngotracheobronchitis tritt meist im Rahmen bestehender viraler Infekte auf.

529) Parainfluenzaviren sind mit 75% die häufigste Ursache der LTB.

530) LTB tritt häufig in den späten Abendstunden oder in der Nacht auf aufgrund physiologisch sinkender Cortisolspiegel.

531) Bei LTB kommt es zu hohem Fieber über 38,5°C.

532) Stadium IV der LTB ist durch Zyanose, stärkste Dyspnoe und Vigilanzminderung gekennzeichnet.

533) In Stadium I-II wird NaCl 0,9% vernebelt, in Stadium III-IV Epinephrin 4 mg unverdünnt.

534) Kortison wird rektal als Prednison-Zäpfchen 100 mg in jedem Stadium empfohlen.

535) Die Notwendigkeit zur Intubation besteht bei etwa 10% der LTB-Fälle.

536) Bei Notwendigkeit zur Beatmung wird die Beutel-Masken-Beatmung bevorzugt.

537) Die Epiglottitis ist aufgrund der Schutzimpfung gegen Haemophilus influenzae mittlerweile sehr selten geworden.

538) Bei Verdacht auf Epiglottitis sollten Manipulationen im Mund-Rachenraum durchgeführt werden, um die Diagnose zu sichern.

539) Typische Symptome der Epiglottitis sind hohes Fieber über 38,5°C, inspiratorischer Stridor und kein Husten.

540) Bei der Epiglottitis sollte das Kind zur besseren Untersuchung in flache Rückenlage gebracht werden.

541) Eine präklinische antimikrobielle Therapie sollte bei Epiglottitis sofort eingeleitet werden.

542) Die Epiglottitis führt aus völliger Gesundheit heraus in kurzer Zeit zu einer lebensbedrohlichen Atemnot.

543) Die Fremdkörperaspiration ist bei Kindern bis zum 3. Lebensjahr der zweithäufigste pädiatrische Notfall.

544) Bei ineffektivem Husten sollten 5 kräftige Schläge zwischen die Schulterblätter in Kopftieflage durchgeführt werden.

545) Abdominale Kompressionen sind bei Kindern unter einem Jahr die Methode der ersten Wahl.

546) Exogen allergisches Asthma tritt vor allem bei Kindern und Jugendlichen auf.

547) Die Virchow-Trias des Asthmaanfalls besteht aus Spasmus der Bronchialmuskulatur, Ödem der Bronchialschleimhaut und Hyper- und Dyskrinie.

548) Bei einem lebensbedrohlichen Asthmaanfall mit obstruktivem Schock tritt typischerweise eine Tachykardie auf.

549) Silent Lung oder Silent Chest sind Zeichen einer respiratorischen Erschöpfung.

550) Die Zielsättigung bei der Sauerstofftherapie liegt bei SpO2 > 94%.

551) Bei kreislaufstabilen Kindern sollte der Oberkörper 60-90° erhöht gelagert werden.

552) Salbutamol wird in einer Dosierung von 2,5 mg unverdünnt inhalativ verabreicht.

553) Ipratropiumbromid wird in einer Dosierung von 250 µg unverdünnt inhalativ gegeben.

554) Methylprednisolon/Prednison wird in einer Dosierung von 2 mg/kg KG i.v. verabreicht, maximal 60 mg.

555) Magnesiumsulfat wird in einer Dosierung von 50 mg/kg KG i.v. in 100 ml NaCl 0,9% über 20 min infundiert.

556) Hyperkapnie kann bei schwerem Asthmaanfall zur CO2-Narkose führen.

557) Bei obstruktivem Schock sollte das Kind in flache Rückenlage gebracht werden.

558) Kinder kompensieren Volumenverluste über einen langen Zeitraum initial gut, dekompensieren dann aber meist abrupt.

559) Die Dosierung zur Volumensubstitution bei Kindern beträgt 20 ml/kg KG balancierte VEL in den ersten 10 Minuten.

560) Für das Prinzip der permissiven Hypotonie gibt es bei Kindern eine gute Evidenz.

561) Ein intraossärer Zugang ist indiziert, wenn ein peripherer Venenzugang nicht innerhalb von 60 Sekunden appliziert werden kann.

562) Eine Monoanästhesie mit Esketamin ohne vorherige Gabe von Midazolam ist bei Kindern empfohlen.

563) Die Gesamtmenge von 40 ml/kg KG balancierter VEL sollte bei Kindern nicht überschritten werden.

564) Bei Kindern sollte ab einem Verletzungsausmaß von > 10% der Körperoberfläche bei zweit- bis drittgradiger Verbrennung ein Verbrennungszentrum angefahren werden.

565) Die Volumentherapie bei Kindern mit Verbrennungstrauma beträgt in der ersten Stunde maximal 10 ml/kg KG.

566) Täter bei Misshandlung sind in der Regel ein Elternteil oder Angehörige des Kindes.

567) Auffälligkeiten sollten vor den Eltern kommentiert und mit ihnen diskutiert werden.

568) Auch Kinder ohne äußere Verletzungszeichen können Opfer von Kindesmisshandlung sein.

569) In Deutschland sterben etwa 100 Kinder pro Jahr am plötzlichen Kindstod.

570) Der plötzliche Kindstod ist definiert als plötzliches Versterben eines Säuglings, ohne dass nach einer Untersuchung oder Autopsie eine erkennbare Ursache ermittelt werden konnte.

571) Die genaue Ursache des plötzlichen Kindstods ist bekannt.

572) Rauchen in der Wohnung ist ein identifizierter Risikofaktor für SIDS.

573) Die Bauchlage des Kindes ist ein Risikofaktor für den plötzlichen Kindstod.

574) Bei SIDS sollte immer eine Säuglingsreanimation nach ERC-/AHA-Algorithmus durchgeführt werden, sofern keine sicheren Todeszeichen vorliegen.

575) Die Verwendung großer Federkissen ist ein identifizierter Risikofaktor.

576) Bei SIDS wird häufig die Polizei hinzugezogen wegen der ungeklärten Todesursache.

577) SIDS tötet leise und ohne Vorwarnung, daher ist in vielen Fällen bereits der Tod des Kindes eingetreten.

Gynäkologische und geburtshilfliche Notfälle

Dieses Kapitel behandelt spezielle Notfälle der Frauenheilkunde und Geburtshilfe. Du testest dein Wissen über die Versorgung von vaginalen Blutungen, dem Vena-cava-Kompressionssyndrom und schwangerschaftsbedingten Hypertonieformen. Weitere Themen sind die extrauterine Gravidität, Placenta praevia und vorzeitige Plazentaablösung.

Richtig oder falsch?

578) Bei intravaginaler Blutung sollte eine Tamponade durchgeführt werden, um die Blutung zu stoppen.

579) Eine intravaginale digitale Untersuchung sollte vermieden werden, da sie zu einer Blutungsverstärkung führen kann.

580) Die Fritsche-Lagerung mit übereinandergeschlagenen Unterschenkeln bei gestreckten Oberschenkeln ist eine geeignete Lagerungsart.

581) TXA 1g in 100 ml NaCl 0,9% sollte als Kurzinfusion über 10 min bei ausgeprägtem Schock gegeben werden.

582) Tumorblutungen wie Zervixkarzinom können eine Ursache für vaginale Blutungen sein.

583) Bei extravaginaler Blutung kann gegebenenfalls eine direkte Kompression bei ausgeprägter Blutung angewendet werden.

584) Das Vena-cava-Kompressionssyndrom tritt hauptsächlich im dritten Schwangerschaftsdrittel auf.

585) Die Rechtsseitenlage ist die optimale Lagerung zur Behandlung des Vena-cava-Kompressionssyndroms.

586) Der Druck des Uterus auf die V. cava inferior führt zu einer venösen Abflussbehinderung.

587) Das Syndrom kann zu einer uteroplazentaren Hypoperfusion mit fetaler Minderversorgung führen.

588) Häufig tritt eine rasche Besserung durch Umlagerung in Linksseitenlage ein.

589) Das Vena-cava-Kompressionssyndrom entsteht durch eine absolute Hypovolämie.

590) Präeklampsie/Eklampsie sind für 10-15% der Todesursachen bei Schwangeren verantwortlich.

591) 90% der Todesfälle durch Präeklampsie/Eklampsie sind potenziell vermeidbar.

592) Das Vollbild der Präeklampsie ist durch Hypertonie, Proteinurie und Ödeme charakterisiert.

593) Schwere Hypertonie liegt vor bei RR systolisch > 160 mmHg oder RR diastolisch > 110 mmHg.

594) Bei der Präeklampsie sollte eine Rechtsseitenlage zur Entlastung der V. cava inferior gewählt werden.

595) Der Zielblutdruck bei der antihypertensiven Therapie liegt bei systolisch 130-150 mmHg und diastolisch 80-100 mmHg.

596) Hypertensive Schwangerschaftserkrankungen treten in 6-8% aller Schwangerschaften auf.

597) Bei drohender Eklampsie sollten optische und akustische Reize vermieden werden.

598) Urapidil wird in einer Dosierung von 5-10 mg i.v. zur Blutdrucksenkung eingesetzt.

599) Eklampsie-Anfälle treten nur bei Patientinnen mit schwerer Hypertonie auf.

600) 25% der Frauen mit Eklampsie weisen keine klinischen Prodromalsymptome auf.

601) Die Inzidenz der Eklampsie beträgt in industrialisierten Ländern 1,5-10/10.000 Geburten.

602) Magnesiumsulfat ist das Mittel der ersten Wahl zur antikonvulsiven Therapie.

603) Bei der Lagerung sollte die bewusstlose Patientin in stabile Linksseitenlage gebracht werden.

604) Der Zielblutdruck liegt bei systolisch 130-150 mmHg und diastolisch 80-100 mmHg.

605) Licht- und Geräuschreize können jederzeit einen Krampfanfall auslösen.

606) Die maternale Mortalität beträgt im Vollbild etwa 25%.

607) Nach intrauterinem Fruchttod nimmt die Krampfneigung meist zu.

608) Das HELLP-Syndrom tritt bei 10-20% aller Schwangeren mit Präeklampsie auf.

609) Rechtsseitiger Oberbauchschmerz ist das entscheidende Leitsymptom für die korrekte Diagnosestellung.

610) Das HELLP-Syndrom tritt bei den meisten Schwangeren zwischen der 32.-34. Schwangerschaftswoche auf.

611) Die Tubargravidität ist die häufigste Form der EUG mit etwa 95%.

612) Die Abdominalgravidität ist die häufigste Form einer EUG.

613) Eine Tubarruptur erfolgt meist in der 7. Schwangerschaftswoche.

614) Bei der Tubarruptur ist meist eine Schwangerschaft bereits bekannt.

615) Ein Tubarabort tritt typischerweise vor der 12. Schwangerschaftswoche auf.

616) Bei der Abdominalgravidität ist der Schwangerschaftstest häufig negativ.

617) Die EUG mit Tubarruptur stellt eine Indikation für permissive Hypotonie dar.

618) Bei der Ovarialgravidität nistet sich die befruchtete Eizelle im Eierstock ein.

619) Die Fritsche-Lagerung wird bei Kreislaufinsuffizienz mit Schock angewendet.

620) TXA wird bei ausgeprägtem Schock als 1g in 100ml NaCl 0,9% über 10 Minuten gegeben.

621) Bei der Abdominalgravidität entstehen die Symptome schnell und akut.

622) Transportziel ist eine Klinik mit Gynäkologie unter Voranmeldung „Akutes Abdomen - Notlaparotomie".

623) Bei Placenta praevia totalis wird der Geburtskanal komplett versperrt.

624) Die Blutung bei Placenta praevia ist im Gegensatz zur vorzeitigen Plazentaablösung eher schmerzlos.

625) Eine intravaginale digitale Untersuchung sollte zur Blutungslokalisation durchgeführt werden.

626) Placenta praevia marginalis bedeutet eine randständige Lage vor der Portio.

627) Der Blutverlust nach außen ist bei Placenta praevia meist sehr stark.

628) Bei Kreislaufinsuffizienz mit Schock wird eine Fritsch-Lagerung angewendet.

629) Nach der 38. SSW mit lebensbedrohlicher Blutung wird eine Notsectio ohne Rücksicht auf die Kindesreife durchgeführt.

630) TXA wird bei ausgeprägtem Schock als 1g in 100ml NaCl 0,9% über 10 Minuten gegeben.

631) Bei akuter vitaler Bedrohung hat das Leben des Kindes immer Vorrang.

632) Die vorzeitige Plazentaablösung ist die Ablösung der normal sitzenden Plazenta von der Uteruswand nach der 28. SSW.

633) Die Ablösung von der stark innervierten Uteruswand ist immer schmerzhaft.

634) Bei der schweren Form der Plazentaablösung kommt es zum intrauterinen Fruchttod.

635) Eine vaginale Blutung ist bei vorzeitiger Plazentaablösung immer vorhanden.

636) Bei der leichten Form treten keine Symptome auf.

637) Ein hämorrhagischer Schock kann trotz geringer Blutung nach außen durch retroplazentare Blutung entstehen.

638) Tokolyse ist bei vorzeitiger Plazentaablösung indiziert um die Blutung zu stoppen.

639) In der Eröffnungsphase dauern die Wehen 1-24 Stunden und werden zunehmend länger und stärker.

640) Bei der Austreibungsphase ist der Muttermund völlig geöffnet (10 cm) und die Patientin hat nicht unterdrückbaren Presszwang.

641) Bei stabilem Neonaten sollte eine verzögerte Abnabelung frühestens eine Minute nach der Entbindung erfolgen.

642) Die Nachgeburtsphase endet mit der Ausstoßung von Plazenta und Eihäuten 20-60 Minuten postpartal.

643) Bei unzureichender Atmung des Neugeborenen werden 5 initiale prolongierte Beatmungen durchgeführt.

644) Bei instabilen Neugeborenen sollte die Abnabelung so spät wie möglich erfolgen.

645) Querliegende Kinder können grundsätzlich nicht auf normalem Wege geboren werden.

646) Bei der Steißlage droht während der Geburt das Ersticken des Kindes, da der Kopf die Nabelschnur abdrückt.

647) Beim Nabelschnurvorfall muss unter allen Umständen versucht werden, die Nabelschnur zu entlasten.

648) Die Uterusatonie ist eine Kontraktionsschwäche des Uterus nach vollständiger oder unvollständiger Ausstoßung der Plazenta.

649) Der Crede-Handgriff wird durch die Bauchdecke durchgeführt, indem der Uterus gegriffen und gegen das Schambein gedrückt wird.

650) Beim Hamilton-Handgriff wird die Faust in die Vagina eingeführt und der Uterus komprimiert.

651) Bei Uterusatonie wird Oxytocin mit 3 IE initial i.v. und anschließend 10 IE in 500ml VEL zur Dauerinfusion gegeben.

652) Fenoterol wird zur medikamentösen Tokolyse bei Beckenendlage verwendet.

653) Das Ziel der balancierten VEL-Gabe bei Uterusatonie ist eine permissive Hypotonie mit RR systolisch 80-90 mmHg.

Neuro-psychiatrische Akutsituationen

In diesem Kapitel testest du dein Wissen zu neurologischen Notfällen. Schwerpunkte sind der Schlaganfall mit dem FAST-Test, intrakranielle Blutungen und epileptische Anfälle. Auch der akute Bandscheibenvorfall und Entzündungen des Gehirns werden behandelt. Du prüfst dein Verständnis zur Pathophysiologie, Symptomatik und Therapie neurologischer Erkrankungen.

Richtig oder falsch?

654) Der Schlaganfall ist die zweithäufigste Todesursache in Deutschland und weltweit.

655) Etwa 80% der Schlaganfälle sind ischämische Insulte durch Verschluss eines Hirngefäßes.

656) 25-33% der Patienten sterben innerhalb des ersten Jahres nach einem Schlaganfall.

657) Bei der Broca-Aphasie ist das Sprachverständnis beeinträchtigt.

658) Bei der Wernicke-Aphasie ist der Sprachfluss beeinträchtigt.

659) Die globale Aphasie ist die leichteste Form der Aphasie.

660) Das Zeitfenster für die Bewertung beträgt bis zu 4,5 Stunden.

661) Sauerstoffgabe erfolgt bei SpO2 < 95% mit 6-8 l/min über Sauerstoffmaske.

662) Bei RR systolisch > 220 mmHg wird der Ausgangsblutdruck vorsichtig um 15% gesenkt.

663) Volumengabe erfolgt bei RR systolisch < 120 mmHg.

664) Bei Hypoglykämie (BZ < 60 mg/dl) werden 8-10g Glukose als 20-prozentige Lösung i.v. gegeben.

665) Die RR-Messung sollte an der gelähmten Seite durchgeführt werden.

666) Die SAB ist eine akute Blutung in den Subarachnoidalraum.

667) Das mittlere Alter der Patienten beträgt etwa 50 Jahre.

668) Die 30-Tage-Letalität beträgt etwa 45% aller Betroffenen.

669) Etwa 50% der Patienten empfinden einen Vernichtungskopfschmerz.

670) Die Lokalisation des Kopfschmerzes ist häufig okzipital.

671) Etwa 2% der Erwachsenen haben ein intrakranielles Aneurysma.

672) Etwa 80% der Fälle betreffen das hintere intrakranielle Gefäßsystem.

673) Sauerstoffgabe erfolgt bei SpO2 < 94% mit 6-8 l/min über Sauerstoffmaske.

674) Der Zielblutdruck sollte nicht über systolisch 170 mmHg liegen.

675) Ein Status epilepticus ist ein epileptischer Anfall, der länger als 5 Minuten anhält.

676) Jeder epileptische Anfall, der länger als 5 Minuten dauert, ist ein Status epilepticus.

677) Ein Status epilepticus ist für den Patienten immer akut lebensgefährlich.

678) Midazolam 10 mg i.m. ist bei Erwachsenen > 40 kg KG die erste Wahl zur Krampfdurchbrechung.

679) Bei Kindern < 13 kg KG wird Midazolam 0,2 mg/kg KG i.m. als erste Wahl gegeben.

680) Nach initialer Krampfdurchbrechung sollte unverzüglich eine Blutzuckerbestimmung erfolgen.

681) Bei Hyperthermie > 37,5°C sollte die Körperkerntemperatur gesenkt werden.

682) Die Krampfschwelle ist nach einem durchlebten epileptischen Anfall höher.

683) Im Krampfanfall sollte der Patient aktiv fixiert werden zum Schutz vor Verletzungen.

684) Bei Hypoglykämie werden bei Kindern 0,5-1 g/kg KG Glukose i.v. als 20-prozentige Lösung gegeben.

685) Jedes Gehirn kann krampfen.

686) Eine reine Vorwölbung der Bandscheibe mit intaktem Faserring bezeichnet man als Protrusion.

687) Bandscheibenvorfälle treten am häufigsten im Lendenwirbelbereich auf.

688) Das Kauda-Syndrom zeigt sich durch Taubheit der Oberschenkelinnenseite sowie in der Anogenitalregion.

689) Die bakterielle Meningoenzephalitis führt in 15-20% der Fälle zum Tode.

690) Nach dem Infektionsschutzgesetz besteht eine Meldepflicht.

691) Das Brudzinski-Zeichen zeigt sich durch reflektorische Beugung der Hüft- bzw. Kniegelenke bei passiver Kopfbeugung.

692) Die virale Meningoenzephalitis ist häufiger als die bakterielle.

693) Die virale Meningoenzephalitis ist in der Regel nicht ansteckend.

694) Die Symptome verlaufen deutlich langsamer und weniger heftig als bei der bakteriellen Form.

695) Die rettungsdienstliche Versorgung entspricht der bakteriellen Meningoenzephalitis.

696) Es ist eine meldepflichtige Erkrankung nach dem Infektionsschutzgesetz.

Toxikologische Notfälle

Dieses Kapitel behandelt die systematische Versorgung von Vergiftungspatienten. Du testest dein Wissen über Erstmaßnahmen, Giftentfernung und Antidotbehandlung. Thematisiert werden verschiedene Aufnahmewege (oral, inhalativ, dermal) und entsprechende Dekontaminationsmaßnahmen.

Richtig oder falsch?

697) Die Ethanolintoxikation ist die mit Abstand häufigste Vergiftung im Rettungsdienst.

698) Die Resorption nach oraler Aufnahme dauert 0,5 bis 3 Stunden abhängig von der Magenfüllung.

699) Die Blutalkoholkonzentration geht durch den Abbau konstant um 0,1-0,2 ‰ pro Stunde zurück.

700) Bei einer BAK von 3-4 ‰ treten Hypotonie und Hypoglykämie auf.

701) Lebensgefährliche Ethanolintoxikationen sind häufig.

702) Als Maßnahme wird ein Flüssigkeitsbolus von 10 ml/kg KG Vollelektrolytlösung empfohlen.

703) Opiate und Opioide verursachen in höherer Dosierung eine ausgeprägte Miosis.

704) Patienten, die Naloxon erhalten, müssen mindestens 6 Stunden unter Beobachtung bleiben.

705) K.O.-Tropfen zeigen als charakteristisches Zeichen ein schlagartiges Erwachen aus einem komatösen Zustand.

706) Eine bedrohliche Atemdepression ist bei oraler Benzodiazepin-Überdosierung praktisch ausgeschlossen.

707) Paracetamol wirkt in hohen Dosen über 100 mg/kg KG lebertoxisch.

708) Trizyklische Antidepressiva haben eine große therapeutische Breite.

709) Bei TCA-Überdosierung wird Natriumbikarbonat als Antidot bei Arrhythmien gegeben.

710) Patienten mit TCA-Überdosierung müssen mindestens 24 Stunden intensivmedizinisch überwacht werden.

711) Die Gabe von Flumazenil ist bei Benzodiazepin-Intoxikation immer erforderlich.

712) Kohlenstoffmonoxid bindet 200- bis 300-mal stärker als Sauerstoff an das Hämoglobin.

713) Herkömmliche Pulsoxymeter können O2-Hb und CO-Hb unterscheiden.

714) Bei schweren Vergiftungen ist eine hyperbare Oxygenierung in einer Druckkammer indiziert.

715) Reizgase vom Soforttyp sind gut wasserlöslich und wirken schnell vor allem in den oberen Atemwegen.

716) Ein toxisches Lungenödem kann erst nach einer Latenzzeit von etwa 48 Stunden auftreten.

717) Reizgase vom Latenztyp wie nitrose Gase oder Chlor dringen tief in die unteren Atemwege ein und können ein toxisches Lungenödem hervorrufen.

718) Organophosphate hemmen die Acetylcholinesterase und führen zu übermäßiger Parasympathikusaktivität.

719) Bei Organophosphatvergiftung sollte Atropin mit einer Startdosis von 5 mg gegeben werden.

720) Organophosphate sind Kontaktgifte und eine Aufnahme über die Haut ist möglich.

721) Die Zyanidvergiftung gilt als die am schnellsten tödlich verlaufende Vergiftung.

722) Die tödliche Dosis von Blausäure beträgt etwa 10 mg/kg KG.

723) Blausäure hemmt das Enzym Zytochromoxidase im Mitochondrium.

724) Bei Zyanidvergiftung kommt es zur schlagartigen Unterbrechung der Zellatmung.

725) 4-DMAP wirkt als Antidot, indem es Methämoglobin bildet, das Zyanid im Blut bindet.

726) Hydroxocobalamin bindet Zyanid indirekt über die Bildung von Methämoglobin.

727) Blausäure und ihre Salze werden in der Leder- und Metallverarbeitung verwendet.

728) Natriumthiosulfat wird zur endgültigen Entgiftung und Ausscheidung des Zyanids gegeben.

729) Typische Symptome einer Zyanidvergiftung sind Bewusstseinsverlust, Blutdruckabfall und Krampfanfälle.

730) Sepsis ist eine akut lebensbedrohliche Organdysfunktion, die durch eine inadäquate Immunreaktion auf eine Infektion hervorgerufen wird.

731) Etwa 50% der Erkrankten sterben trotz maximaler intensivmedizinischer Therapie.

732) Für die Diagnose einer sepsisassoziierten Organdysfunktion müssen im SOFA-Score > 2 Punkte verändert sein.

733) Der QuickSOFA-Score umfasst Atemfrequenz > 22/min, systolischer Blutdruck < 100 mmHg und GCS < 15.

734) Beim septischen Schock muss der Serum-Laktat-Wert > 4 mmol/l betragen.

735) Bei Sepsis sollten mindestens 30 ml/kg KG VEL in den ersten 3 Stunden gegeben werden.

736) Im hyperdynamen Stadium des septischen Schocks ist das Schlag- und Herzminutenvolumen normal bis gesteigert.

737) Die Laborblutentnahme sollte zwingend vor antimikrobieller Therapie zur Kulturbestimmung erfolgen.

738) Pro Stunde Verzögerung der antimikrobiellen Therapie sinkt die Überlebenswahrscheinlichkeit um 7,6%.

739) Im hypodynamen Stadium kommt es zu deutlicher Verzögerung der Rekapillarisierungszeit > 2 Sekunden.

740) Häufige Infektionsquellen sind Urogenitaltrakt, Atemwegsinfektionen und Wundinfektionen.

741) Bei septischem Schock ist eine Vasopressorengabe notwendig, um einen mittleren arteriellen Blutdruck > 65 mmHg aufrechtzuerhalten.

742) Metamizol 1 g sollte als Kurzinfusion über 30 min bei Hyperthermie gegeben werden.

743) Die disseminierte intravasale Koagulopathie (DIC) kann als Komplikation im hypodynamen Stadium auftreten.

744) Das akute psychomotorische Erregungssyndrom geht mit einer hohen Eigen- und Fremdgefährdung einher.

745) Häufig ist eine genaue Diagnostik in der Akutphase der Erregung nicht möglich.

746) Midazolam sollte mit 0,1-0,2 mg/kg KG als Sedativum gegeben werden.

747) Haloperidol kann mit 5-10 mg i.v. als Neuroleptikum eingesetzt werden.

748) Die Gewaltbereitschaft kann durch Wahnvorstellungen und enthemmende Wirkung von Alkohol erhöht sein.

749) Nach Maßgabe des Unterbringungsgesetzes kann eine Einweisung in psychiatrische Einrichtung erfolgen.

750) Das delirante Syndrom ist ein akutes organisches Psychosyndrom mit Bewusstseinsstörung als Leitsymptom.

751) Typisch sind optische Halluzinationen mit kleinen, sich bewegenden Objekten.

752) Die Symptomverschlimmerung tritt typischerweise in den Morgen- und Mittagsstunden auf.

753) Patienten müssen in jedem Fall in die Klinik eingewiesen werden, da das Delir lebensbedrohliche Ausmaße annehmen kann.

754) Haloperidol 5-10 mg i.v. kann als Neuroleptikum gegeben werden.

755) Distraneurin darf bereits präklinisch verabreicht werden.

756) In Deutschland kommt es zu etwa 10.000 Suiziden pro Jahr.

757) Angedeuteter (appellativer) Suizid ist vom vollendeten Suizid zu unterscheiden.

758) Die Suizidrate steigt bei Menschen im höheren Lebensalter (> 60 Jahre) an.

759) Bilanzsuizid ist häufiger als Kurzschlussreaktion auf Lebenskrisen.

760) Plötzliche, unerklärbare Ruhe und Freude wird als präsuizidale Aufhellung bezeichnet.

761) Patient muss nach Androhung bzw. Versuch eines Suizids unbedingt in die Klinik eingewiesen werden.

762) Bei Verdacht auf Depression sollte an viermal S-S-S-S gedacht werden.

763) Midazolam kann mit 1 mg i.v. als Sedativum titriert werden.

764) Empathische Gesprächsführung und transparentes Handeln sind wichtige Therapiemaßnahmen.

765) Das psychiatrische Angstsyndrom tritt somatisch unbegründet auf.

766) Typische vegetative Störungen sind Engegefühl in Brust und Hals sowie retrosternale Schmerzen.

767) Angst ist ein unspezifisches Symptom und erfordert immer die Abklärung von Differenzialdiagnosen.

768) Midazolam kann mit 0,025-0,05 mg/kg KG i.v. als Sedativum gegeben werden.

769) Patienten dürfen nach einer Anxiolyse mit Benzodiazepinen zu Hause bleiben.

770) Wichtige Differenzialdiagnosen sind ACS und Lungenarterienembolie.

771) Als Hypothermie wird das Absinken der Körperkerntemperatur unter 35 °C bezeichnet.

772) Stadium I der Hypothermie ist charakterisiert durch klares Bewusstsein und Kältezittern.

773) Bei Stadium V liegt eine irreversible Hypothermie mit KKT < 9-13,7 °C vor.

774) Die Osborn-Welle im EKG tritt bei bis zu 80% der Patienten mit KKT von 28-21 °C auf.

775) Rasche KKT-Abnahme ist prognostisch ungünstiger als langsame Abnahme.

776) Der Sauerstoffverbrauch reduziert sich pro 1 °C Absenkung der KKT um ca. 6%.

777) Bei KKT 28 °C beträgt die Reduktion des Sauerstoffverbrauchs etwa 50%.

778) Aktive Erwärmung sollte bei allen Hypothermie-Stadien durchgeführt werden.

779) Bei mäßiger und schwerer Hypothermie besteht die Gefahr von Herzrhythmusstörungen durch Afterdrop.

780) Bei KKT < 30 °C sollten keine Medikamente und maximal drei Defibrillationsversuche durchgeführt werden.

781) Bei KKT zwischen 32-35 °C erfolgt Medikamentengabe in doppeltem Zeitintervall.

782) Esketamin kann mit 0,4 mg/kg KG intranasal gegeben werden, falls i.v./i.o. nicht möglich.

783) Ein weiterer Abfall von bis zu 5 °C nach der Rettung ist möglich.

784) „Niemand ist tot, ehe er nicht warm und tot ist" - Todesfeststellung nur bei sicheren Todeszeichen möglich.

785) Die Hitzeerschöpfung wird in Salzmangel-Hitzeerschöpfung und Wassermangel-Hitzeerschöpfung unterteilt.

786) Schweiß besteht aus zwei Drittel Wasser und ein Drittel Elektrolyte.

787) Die Wassermangel-Hitzeerschöpfung ist die leichtere Form.

788) Bei Salzmangel-Hitzeerschöpfung ist die Körperkerntemperatur nicht erhöht.

789) Bei Wassermangel-Hitzeerschöpfung fehlt die Schweißbildung (Anhidrosis).

790) Salzmangel-Hitzeerschöpfung geht mit hypotoner Dehydratation einher.

791) Bei Wassermangel-Hitzeerschöpfung ist die KKT erhöht, jedoch < 40 °C.

792) Quälender Durst ist typisch für die Salzmangel-Hitzeerschöpfung.

793) Wassermangel-Hitzeerschöpfung kann Vorläufer eines klassischen Hitzschlags sein.

794) Hitzschlag ist definiert als Hyperthermie mit einer KKT > 40,6 °C.

795) Der Hitzschlag wird in anstrengungsinduzierten und klassischen Hitzschlag unterteilt.

796) Anstrengungsinduzierter Hitzschlag betrifft überwiegend junge und gesunde Menschen.

797) Bei anstrengungsinduziertem Hitzschlag ist die Schweißbildung komplett fehlend.

798) Klassischer Hitzschlag ist häufig Folge einer Hitzeerschöpfung mit hypertoner Dehydratation.

799) Rhabdomyolyse mit Freisetzung von Proteinen ins Blut kann bei beiden Formen auftreten.

800) Die Entwicklung einer Crush-Niere ist durch mechanische Verlegung der Nierenkanälchen möglich.

801) Anstrengungsinduzierter Hitzschlag hat eine längere Entstehungszeit als klassischer Hitzschlag.

802) Cheyne-Stokes-Atmung kann Hinweis auf Hirnödem und Hirndrucksymptomatik sein.

803) Die Zieltemperatur der Kühltherapie liegt bei < 39 °C.

804) Katecholamintherapie sollte erst nach erfolgreicher Kühlung begonnen werden.

805) Bei klassischem Hitzschlag zeigt sich eine heiße, gerötete, schweißnasse Haut.

Wiederbelebungsmaßnahmen

In diesem Kapitel steht die professionelle Reanimation im Mittelpunkt. Du testest z. B. dein Wissen über die Basisreanimation mit qualitativ hochwertiger Herzdruckmassage und früher Defibrillation.

Richtig oder falsch?

806) Basis einer erfolgreichen Reanimation ist eine Herzdruckmassage mit 100-120/min Frequenz.

807) Die Drucktiefe bei der Herzdruckmassage soll mindestens 5 cm und maximal 6 cm betragen.

808) Allein die zentrale Pulslosigkeit entscheidet über den Reanimationsbeginn.

809) Nach dem 1. Schock sollte 1 mg Adrenalin gegeben werden.

810) Die Normoventilation unter Kapnografie sollte etCO2 35-40 mmHg erreichen.

811) Eine präklinische aktive Kühltherapie sollte bei ROSC eingeleitet werden.

812) Bei Kindern ist eine Reanimation meist die Folge eines respiratorischen Problems.

813) Die Reanimation erfolgt im Verhältnis 30:2 Herzdruckmassagen zu Beatmungen.

814) Nach ERC-Leitlinien beginnt die Reanimation mit 5 effektiven Initialbeatmungen.

815) Die Defibrillationsenergie beträgt nach AHA-Leitlinien für den ersten Schock 4 J/kg KG.

816) Adrenalin wird in einer Dosierung von 0,01 mg/kg KG verabreicht.

817) Die Gesamtverantwortung für den Abbruch oder das Unterlassen einer Reanimation liegt beim behandelnden Arzt.

818) Mit dem Leben nicht vereinbare Verletzungen wie Enthauptung sind Aspekte für die Unterlassung einer Reanimation.

819) Die Pupillengröße ist ein alleiniges Kriterium für die Entscheidungsfindung zum Reanimationsabbruch.

820) Der endtidale Kohlendioxidwert (etCO2) ist ein alleiniges Kriterium für die Entscheidungsfindung.

821) Nach Abbruch der Reanimation sollte der Patient 5 Minuten lang beobachtet werden.

822) Leichenflecken sind ein begründeter Aspekt der Aussichtslosigkeit für die Unterlassung einer Reanimation.

823) Ein Selbstmordversuch ist ein alleiniges Kriterium für die Entscheidungsfindung zum Reanimationsabbruch.

824) Eine gültige und relevante Patientenverfügung ist sowohl Aspekt für Abbruch als auch Unterlassung einer Reanimation.

825) Das Fehlen von Herztönen bei der Auskultation ist ein Kriterium für die Todesfeststellung.

826) Die Entscheidung über einen Reanimationsabbruch sollte im gesamten Team diskutiert werden.

827) Fehlende Pupillen- bzw. Kornealreflexe sind Kriterien für die Todesfeststellung nach 5 Minuten Beobachtung.

Notfallpharmakologie

Dieses Kapitel behandelt pharmakologische Grundlagen für Notfallsanitäter. Du testest dein Wissen über Pharmakodynamik und Pharmakokinetik sowie wichtige Medikamente des Pyramidenprozesses.

Richtig oder falsch?

828) Off-Label-Use bedeutet die Anwendung eines Medikaments außerhalb seiner Zulassung und erfordert eine Aufklärung des Patienten sowie eine individuelle Nutzen-Risiko-Abwägung.

829) Das Bundesinstitut für Arzneimittel und Medizinprodukte (BfArM) ist ausschließlich für die Zulassung von Medikamenten zuständig und überwacht nicht deren Verwendung.

830) Aufgezogene Medikamente sollten mit dem Wirkstoffnamen und der Konzentration (mg/ml) leserlich beschriftet werden.

831) Pharmakodynamik beschreibt die Veränderung des Medikaments durch den Organismus.

832) Spezifische Medikamentenwirkung erfolgt am Rezeptor nach dem Schlüssel-Schloss-Prinzip und benötigt oft nur niedrige Dosen.

833) Ein Agonist ist eine Substanz, die den Rezeptor nach Bindung blockiert und die Folgen einer Rezeptoraktivierung verhindert.

834) Naloxon verdrängt durch seine höhere Affinität Opioide von Opioidrezeptoren und hebt daher ihre Wirkung auf.

835) Die therapeutische Breite ist ein Maß für die Toxizität eines Medikaments - bei enger therapeutischer Breite sind bereits geringste Dosissteigerungen gefährlich.

836) Gewöhnung an Medikamente kann durch erhöhte Bildung von Rezeptoren auf der Zelle oder durch Herunterregulation der Rezeptoranzahl entstehen.

837) Pharmakokinetik fasst alle Prozesse zusammen, die im Körper zur Aufnahme, Verteilung und Elimination eines Medikaments ablaufen.

838) Die intravenöse Bioverfügbarkeit beträgt immer 100%.

839) Der First-Pass-Effekt tritt nur in der Leber auf und niemals in der Lunge.

840) Metamizol ist ein Prodrug und wird zu 4-N-Methylaminoantipyrin (4-MAA) umgebaut, wodurch es erst wirksam wird.

841) Fettlösliche Medikamente können in fettreichem Gewebe gespeichert und langsam abgegeben werden, was eine verlängerte Wirkung ermöglicht.

842) Die Phase-I-Reaktion wird hauptsächlich von Cytochrom P450-Enzymen durchgeführt, wobei CYP3A4 der wichtigste Vertreter ist.

843) Lipophile Stoffe werden fast gar nicht über die Niere ausgeschieden.

844) Nach etwa 4-5 Halbwertszeiten ist ein Medikament vollständig eliminiert, sofern pro Zeiteinheit immer der gleiche Anteil abgebaut wird.

845) Aus Paracetamol entstehen bei der Elimination in der Leber ungiftige Zwischenprodukte, die für die leberschützende Wirkung verantwortlich sind.

846) Amiodaron ist lipophil und daher mit den meisten anderen Medikamenten inkompatibel und kann Kunststoff aus bestimmten Infusionssystemen herauslösen.

847) Die häufigsten Ursachen für Inkompatibilität sind weit auseinanderliegende pH-Werte zweier Arzneimittel und zu hohe Konzentration mit Überschreitung der Lösungskapazität.

848) Furosemid hat einen sauren pH-Wert und ist daher inkompatibel mit alkalischen Medikamenten.

849) $\alpha 1$-Adrenorezeptoren vermitteln Vasokonstriktion und dadurch Anstieg des Blutdrucks durch Erhöhung des peripheren Widerstands.

850) $\beta 1$-Adrenorezeptoren befinden sich vor allem am Herzen und führen bei Aktivierung zu positiver Chronotropie, Inotropie und Dromotropie.

851) Adrenalin bindet bevorzugt an α-Adrenorezeptoren und erst in hohen Konzentrationen an β-Adrenorezeptoren.

852) Die Eliminationshalbwertszeit von Adrenalin beträgt 1-3 Minuten, weshalb eine kontinuierliche Gabe über Perfusor nötig ist.

853) Urapidil ist ein selektiver $\alpha 1$-Antagonist und stimuliert zusätzlich zentrale 5-HT1A-Rezeptoren im Hirnstamm.

854) Urapidil verursacht typischerweise eine Reflextachykardie wie andere $\alpha 1$-Antagonisten.

855) Atropin hemmt den Parasympathikus an muskarinergen Acetylcholinrezeptoren und steigert dadurch die Herzfrequenz.

856) Atropin hat eine direkte positive inotrope Wirkung am Herzen.

857) Amiodaron ist ein Klasse-III-Antiarrhythmikum und enthält etwa 40% Jod.

858) Furosemid bewirkt eine sofortige Vasodilatation von Venen nach i.v. Gabe und hemmt die Wiederaufnahme von Natrium an der Henle-Schleife.

859) Nitrate erweitern Blutgefäße durch NO-Freisetzung, wobei die Wirkung arteriell stärker ist als venös.

860) Die Standarddosierung von Glyceroltrinitrat beträgt 0,4 mg = 1 Hub nach Ausschluss von Kontraindikationen.

861) Nitrendipin ist ein gefäßselektiver Kalziumantagonist der Dihydropyridingruppe und kann im Gegensatz zu Urapidil Reflextachykardien auslösen.

862) μ-Rezeptoren sind für die analgetische und atemdepressive sowie euphorisierende Opiatwirkung verantwortlich.

863) ϰ-Rezeptoren verursachen bei Aktivierung eine stärkere analgetische Wirkung als μ-Rezeptoren.

864) Fentanyl weist eine 100-fach stärkere analgetische Potenz auf als Morphin, hat aber eine deutlich kürzere Wirkdauer von 20-30 Minuten.

865) Morphin wird renal ausgeschieden, weshalb bei Niereninsuffizienz die Wirkdauer verlängert ist.

866) Naloxon hat eine längere Wirkdauer als die meisten Opioide und verhindert daher zuverlässig das erneute Auftreten von Intoxikationssymptomen.

867) Ketamin löst dissoziative Analgesie/Anästhesie aus und hemmt hauptsächlich NMDA-Rezeptoren im Gehirn.

868) S(+)-Ketamin (Esketamin) ist wesentlich wirksamer als R(-)-Ketamin, weshalb nur die halbe Dosis benötigt wird.

869) Metamizol ist ein Prodrug und wird im Körper zu 4-MAA umgewandelt, bereits 15 Minuten nach i.v. Gabe ist Metamizol selbst nicht mehr nachweisbar.

870) Eine Dosissteigerung von Metamizol über 1.000 mg führt zu einer deutlichen Steigerung der analgetischen Wirkung.

871) Butylscopolamin ist ein Analgetikum und wirkt direkt schmerzlindernd bei Koliken.

872) Ibuprofen hemmt die Cyclooxygenasen 1 und 2 und hat dadurch analgetische, fiebersenkende und antientzündliche Wirkung.

873) Paracetamol hat eine starke analgetische Wirkung und wirkt fiebersenkend durch Hemmung einer zerebralen Cyclooxygenase.

874) Die Tageshöchstdosis von Paracetamol beträgt bei Kindern 60 mg/kg KG und bei Erwachsenen 4 g/Tag.

875) Lidocain hemmt Natriumkanäle und blockiert dadurch Schmerz-, Berührungs- und motorische Reize.

876) Midazolam wirkt länger als Diazepam und hat eine geringere amnestische Wirkung.

877) Benzodiazepine sind Agonisten am GABAA-Rezeptor und haben eine generalisiert dämpfende Wirkung auf das Gehirn.

878) ASS hemmt die Cyclooxygenase der Thrombozyten irreversibel und stört dadurch die Anheftung der Thrombozyten an verletztes Gewebe.

879) Heparin hemmt die plasmatische Blutgerinnung und wirkt vor allem im arteriellen System.

880) Tranexamsäure verhindert als Antifibrinolytikum eine Hyperfibrinolyse, indem es die Plasminbildung blockiert.

881) Salbutamol ist ein β2-Sympathomimetikum und wirkt als Agonist an β2-Rezeptoren der Bronchien zur Bronchodilatation.

882) Salbutamol wirkt zusätzlich wehenhemmend, da sich β2-Rezeptoren auch im Uterus befinden.

883) Ipratropiumbromid ist ein Anticholinergikum und hemmt den Einfluss des N. vagus auf die Lunge durch Blockade von Acetylcholinrezeptoren.

884) Prednisolon hemmt Entzündungsreaktionen auf Ebene der Genexpression und hat eine Latenzzeit von 15-30 Minuten bis zum Wirkungseintritt.

885) Eine Tachykardie stellt eine absolute Kontraindikation für den Gebrauch von Salbutamol dar.

886) H1-Antagonisten blockieren Histaminrezeptoren und hemmen dadurch typische allergische Symptome wie Vasodilatation, Bronchokonstriktion und Erhöhung der Gefäßdurchlässigkeit.

887) H2-Antagonisten blockieren Histaminrezeptoren in der Magenschleimhaut und hemmen dadurch die Magensäurebildung.

888) Allergien gegen Antihistaminika sind nicht möglich, da diese Medikamente antiallergische Eigenschaften haben.

889) Ondansetron ist ein Serotoninrezeptorantagonist, der selektiv 5-HT3-Rezeptoren im ZNS blockiert und im Gegensatz zu Dimenhydrinat keine sedierende Wirkung hat.

890) Ondansetron kann die QT-Zeit dosisabhängig verlängern und bei Kombination mit anderen QT-Zeit-verlängernden Medikamenten Torsade-des-Pointes-Tachykardien auslösen.

891) Kristalloide Infusionslösungen sind heutzutage isotonische Elektrolytgemische, während kolloidale Infusionslösungen aus Makromolekülen bestehen.

892) Kolloide sind bei Sepsis und Niereninsuffizienz kontraindiziert.

893) Balancierte Lösungen wie Ringer-Lactat und Ringer-Acetat sind dem Blutplasma in der Elektrolytzusammensetzung am ähnlichsten.

894) Physiologische Kochsalzlösung (NaCl 0,9%) ist physiologisch und verursacht keine Elektrolytentgleisungen.

895) Kristalloide haben nur einen geringen Volumeneffekt von etwa 20%, da 80% der verabreichten Menge ins Gewebe wandert.

896) Ringer-Acetat hat die gleichen Nebenwirkungen wie Ringer-Lactat, da beide Lösungen hepatisch verstoffwechselt werden.

897) Gelatinelösungen können als Alternative zu HES bei hämorrhagischem Schock eingesetzt werden, haben aber ein hohes allergisches Potenzial.

898) Glukoselösung 5% wird vom Körper rasch verstoffwechselt und appliziert netto reines elektrolytfreies Wasser.

899) G5% ist zur Behandlung von Hypoglykämien geeignet, da hier nur kleine Mengen benötigt werden.

900) G20% ist zur Behandlung von schweren Hypoglykämien geeignet und die Dosierung erfolgt stets nach Wirkung und Blutzuckerveränderung.

901) Glukoselösungen über 20% haben eine Zulassung nur für die zentralvenöse Applikation über einen ZVK aufgrund ihrer stark venenreizenden Eigenschaft.

902) Kolloide können beim hämorrhagischen Schock negative Wirkungen einer übermäßigen Kristalloidinfusion reduzieren und sind hier indiziert.

Praktische Notfallkompetenzen

In diesem Kapitel testest du dein Wissen über die wichtigsten praktischen Arbeitstechniken. Themen sind z.B. EKG-Ableitung und -Interpretation, Defibrillation und Kardioversion sowie Atemwegssicherung von der Beutel-Masken-Beatmung bis zur Intubation.

Richtig oder falsch?

903) Bei einem kritisch kranken Patienten sollen die Defibrillationselektroden zur ersten Schnellableitung aufgeklebt werden.

904) EKG-Ausdrucke müssen mit Namen, Geburtsdatum und Uhrzeit versehen werden.

905) Das kontinuierliche EKG-Monitoring bei Notfallpatienten darf für den Transport unterbrochen werden.

906) Die Extremitätenableitungen werden mit I, II, III, aVR, aVL und aVF bezeichnet.

907) Die Ableitungen I, II und III sind unipolare Ableitungen.

908) Die verstärkten Extremitätenableitungen aVR, aVL und aVF sind unipolare Ableitungen.

909) Die Brustwandableitungen werden mit V1 bis V6 bezeichnet.

910) V1 wird im 4. ICR links parasternal platziert.

911) V4 wird im 5. ICR in der Medioklavikularlinie platziert.

912) Die Hinterwandableitungen werden mit V7-V9 bezeichnet.

913) V8 wird in der Skapularlinie auf gleicher Höhe wie V4-V6 platziert.

914) Für die Hinterwandableitungen muss kein normales 12-Kanal-EKG vorher angefertigt werden.

915) In der Notfallmedizin sollen ausschließlich Klebeelektroden verwendet werden.

916) Kammerflimmern und die pulslose ventrikuläre Tachykardie werden defibrilliert.

917) Die Sternumelektrode wird links-parasternal und subklavikular platziert.

918) In der präklinischen Notfallmedizin kommt ausschließlich der externe transkutane Schrittmacher zum Einsatz.

919) Im Fix-Modus überprüft der Schrittmacher kontinuierlich die Frequenz und beginnt Stimulation bei Unterschreiten der eingestellten Stimulationsfrequenz.

920) Bei Lösen einer Elektrode der Extremitätenableitung unterbricht der Schrittmacher die Stimulation.

921) Kardioversion erfolgt bei allen instabilen Patienten mit tachykarden Herzrhythmusstörungen als Mittel der 1. Wahl.

922) Die Kardioversion ist eine synchrone, R-Zacken-getriggerte Form der Defibrillation.

923) Für Breitkomplex-Tachykardien wird eine Energie zwischen 120-200 Joule empfohlen.

924) Bei instabilen Patienten werden maximal fünf Schocks abgegeben.

925) Bei erfolgloser Kardioversion nach drei Schocks erfolgt die Gabe von Amiodaron 300 mg i.v.

926) Für die Kardioversion von Kindern wird eine Energie von 4 J/kg KG empfohlen.

927) Der Helfer befindet sich optimalerweise hinter dem Kopf des Patienten.

928) Die Daumen liegen auf dem Kinn des Patienten und die Zeigefinger greifen in den Kieferwinkel.

929) Die obere Zahnreihe soll über der unteren Zahnreihe liegen.

930) Der Katheter wird ohne Sog eingeführt - Fingertip ist offen.

931) Für die orale Absaugung wird die Entfernung zwischen Nasenspitze und Kieferwinkel gemessen.

932) Steriles, intratracheales Absaugen sollte nur durch zwei Helfer durchgeführt werden.

933) Der Guedel-Tubus verhindert das Verschließen des Atemwegs durch die Halsweichteile und das Zurückfallen der Zunge.

934) Der Guedel-Tubus bietet einen vollständigen Aspirationsschutz.

935) Nach Erreichen des harten Gaumens wird der Guedel-Tubus um 180° gedreht.

936) Der Wendl-Tubus kann bei Patienten mit erhaltenen Schutzreflexen gut eingesetzt werden.

937) Der Wendl-Tubus wird mit der schrägen Öffnung zum Nasenseptum gerade nach hinten und unten rotierend eingeführt.

938) Bei Verletzungen der Schädelbasis stellt der Wendl-Tubus eine absolute Kontraindikation dar.

939) Für die Anwendung extraglottischer Atemwege müssen mindestens 45 EGA-Anwendungen am Patienten unter Anleitung dokumentiert sein.

940) Bei der Larynxmaske liegt die Spitze der Maske im Ösophaguseingang.

941) Der maximale Cuffdruck bei der Larynxmaske beträgt 60 cmH2O.

942) Der Larynxtubus hat drei Cuffs zur Abdichtung.

943) Bei Kindern wird der Larynxtubus derzeit nicht empfohlen.

944) Das i-gel® hat einen blockbaren Cuff.

945) Die Größenauswahl beim Larynxtubus erfolgt nach Gewicht bis Größe 2 oder nach Körpergröße ab Größe 2,5.

946) Bei der Larynxmaske wird als Richtwert für Männer Größe 5 und für Frauen Größe 4 empfohlen.

947) Die Intubation ist der Goldstandard der Atemwegssicherung.

948) Die endotracheale Intubation soll primär mit einem Videolaryngoskop unter Verwendung eines McIntosh-ähnlichen Spatels durchgeführt werden.

949) Die Intubationsdauer sollte 30 Sekunden nicht überschreiten.

950) Nach drei erfolglosen Versuchen sollte ein alternativer Atemweg gewählt werden.

951) Bei Kindern wird die Tubusgröße nach der Formel (Alter in Jahren/4) + 3,5 berechnet.

952) Bei Kindern wird ein Miller-Spatel verwendet und die Epiglottis wird aufgeladen.

953) Die Beutel-Masken-Beatmung ist der minimalste Beatmungsstandard in der Akutmedizin.

954) Neugeborene werden zunächst mit reinem Sauerstoff beatmet.

955) Die Beutel-Masken-Beatmung ist das Mittel der 1. Wahl bei der Beatmung von Kindern.

956) Beim C-Griff fixieren Daumen und Zeigefinger die Maske, während die restlichen drei Finger den Unterkiefer an die Maske ziehen.

957) Bei der Zwei-Helfer-Methode wird die Maske durch einen zweiten Helfer im Doppel-C-Griff positioniert.

958) Mageninsufflation ist eine mögliche Folge der Maskenbeatmung.

959) Reines CPAP erzeugt einen kontinuierlich positiven Atemwegsdruck ohne Druckunterstützung.

960) CPAP und NIV ist das Gleiche.

961) Fehlende Spontanatmung ist eine absolute Kontraindikation für CPAP.

962) Der Standard-Startwert in der reinen CPAP-Therapie ist üblicherweise ein PEEP von 10 mbar.

963) Die klassische Indikation für NIV ist das hyperkapnische Lungenversagen mit Erschöpfung der Atempumpe.

964) Bei NIV wird die Druckunterstützung üblicherweise mit 5 mbar begonnen.

965) Ein Erfolgskriterium der NIV ist die Abnahme der Atemfrequenz um über 20%.

966) Bewusstloser Patient ist eine absolute Kontraindikation für CPAP.

967) Erbrechen/Aspiration ist ein Abbruchkriterium für NIV.

968) Fremdkörper sollen belassen und nicht entfernt werden.

969) Wundreinigung wird in der Notfallversorgung durchgeführt.

970) Die Wundversorgung verfolgt drei Ziele: Blutstillung, Infektionsschutz und Schmerzlinderung.

971) Das Tourniquet wird 5 cm proximal der Verletzung angelegt.

972) Hämostatische Verbandsstoffe sollen locker in die Wunde gelegt werden.

973) Die iTClamp® kann nur angewendet werden, wenn die Wundränder adaptierbar sind.

974) Das Spineboard ist zur Wasserrettung einsetzbar und schwimmfähig.

975) Die Vakuummatratze bietet die beste Immobilisation der Wirbelsäule.

976) Das Spineboard ist für ältere und kachektische Patienten besonders gut geeignet.

977) Bei der Immobilisation von Extremitätenverletzungen müssen immer die beiden der Verletzung benachbarten Gelenke mit ruhiggestellt werden.

978) Luftkammerschienen sind gut geeignet zur Immobilisation von Oberarm- und Oberschenkelfrakturen.

979) Sam®-Splint Schienen werden in drei unterschiedlichen Größen vorgehalten.

980) Bei Vakuumschienen kann die Extension in der Regel aufrechterhalten werden.

981) Vor und nach Anlage einer Extremitätenschienung muss DMS distal der Verletzung geprüft werden.

982) Sam®-Splint Schienen werden an der verletzten Extremität angepasst.

983) Eine HWS-Immobilisation kann auch ohne die Anlage eines HWS-Immobilisationskragens durchgeführt werden.

984) Durch einen Immobilisationskragen allein wird die HWS zu 100% ruhiggestellt.

985) Die NEXUS-Kriterien umfassen 5 Punkte zur Entscheidung einer notwendigen Ganzkörperimmobilisation.

986) Bei Schädel-Hirn-Trauma und Schlaganfall wird eine 30° Oberkörperhochlagerung empfohlen.

987) Bei arteriellem Verschluss wird eine Hochlagerung der Extremität empfohlen.

988) Bei Schwangerschaft wird zur Vermeidung des Vena-cava-Kompressionssyndroms die Linksseitenlage empfohlen.

989) Der Tragestuhl ist ein sehr gutes Transportmittel für den Transport durch Treppenhäuser und unwegsames Gelände.

990) Notfallpatienten können sitzend auf dem Tragestuhl im RTW transportiert werden.

991) Beim Rettungstuch können bis zu sechs Personen tragen und unterstützen.

992) Die Schaufeltrage ist für alle Patienten geeignet, die möglichst schonend und achsengerecht gerettet werden sollen.

993) Die Längenverstellung der Schaufeltrage ist bis etwa 190 cm möglich.

994) Beim Transport mit dem Tragestuhl sollte der kleinere der beiden Helfer die untere Seite tragen.

995) Bei der sublingualen Applikation entfällt der First-Pass-Effekt und das Medikament wird direkt in den Kreislauf aufgenommen.

996) Die Dosierung bei sublingualer Applikation ist exakt möglich.

997) Nitrolingual-Spray kann sublingual beim akuten Koronarsyndrom angewendet werden.

998) Bei der nasalen Applikation ist die 2- bis 3-fache i.v.-Dosis nötig, da nur etwa 50% Bioverfügbarkeit vorliegt.

999) Es dürfen mehr als 1 ml pro Nasenloch appliziert werden.

1000) Midazolam 5 mg/1 ml kann nasal bei Krampfanfall oder zur Sedierung angewendet werden.

1001) Bei der intramuskulären Applikation sind höhere Dosierungen (2- bis 3-fache i.v. Dosierung) nötig.

1002) Bei Lungenarterienembolie darf eine intramuskuläre Injektion durchgeführt werden.

1003) Der bevorzugte Punktionsort ist meist das mittlere Oberschenkeldrittel anterolateral.

1004) Nach zwei erfolglosen Punktionsversuchen bzw. nach 90-120 Sekunden wird die Indikation zum i.o. Zugang gestellt.

1005) Eine vorangegangene Punktion am selben Knochen ist keine Kontraindikation.

1006) Die 5-mm-Markierung muss nach der Punktion sichtbar sein, sonst wird die nächstgrößere Nadel gewählt.

1007) Bei den üblicherweise verwendeten Systemen ist ein Flow von mindestens 6 l/min nötig.

1008) Salbutamol kann inhalativ bei obstruktivem Atemweg angewendet werden.

1009) Der Punktionsort ist der 4. oder 5. Interkostalraum in der vorderen Axillarlinie.

1010) Die Nadel sollte eine Länge von etwa 8 cm haben.

1011) Die Thoraxdekompression ist eine definitive Therapie des Spannungspneumothorax.

1012) Der Messarm sollte in Herzhöhe liegen.

1013) An Shunt-Armen von Dialysepatienten sollte nicht gemessen werden.

1014) Eine zu große Manschette führt zu zu hohen Blutdruckwerten.

1015) Bei jedem Einsatz sollte mindestens ein Blutdruck auskultatorisch gemessen werden.

1016) Die Ablassgeschwindigkeit soll etwa 2-3 mmHg pro Sekunde betragen.

1017) Die oszillometrische Messung ermittelt in der Regel den mittleren arteriellen Druck.

1018) Bei der intraarteriellen Blutdruckmessung ist die A. radialis die häufigste Anlagelokalisationen.

1019) Beim Allen-Test sollte die Hautfarbe innerhalb von 10 Sekunden wieder normal sein.

1020) Der Transducer muss auf Herzhöhe positioniert sein.

1021) Bei jedem Verdacht auf Schlaganfall muss eine Temperaturmessung durchgeführt werden.

1022) Verbrennungen oder Verbrühungen erfordern nur bei kurzen Transportzeiten eine Temperaturkontrolle.

1023) Neugeborene und Säuglinge gehören zu den Indikationen für eine Temperaturmessung im Rettungsdienst.

1024) Die tympanale Messung liegt etwa 0,25-0,5 °C unter der Körperkerntemperatur.

1025) Bei Kindern unter 1 Jahr wird das Ohr schräg nach hinten und oben gezogen.

1026) Die sublinguale Messung hat einen Messbereich von 32-42,9 °C und ist daher für Hypothermie geeignet.

1027) Bei der rektalen Messung mit Sonde ist ein kontinuierliches Monitoring möglich.

1028) Die physiologische Körpertemperatur liegt rektal/ösophageal bei 36,6-37,0 °C.

1029) Die tympanale Messung hat eine untere Messgrenze bei etwa 20 °C, ist aber ungenau zum Nachweis einer Hypothermie.

1030) Eine Nasenbrille kann mit maximal 4 l/min Flow eine O_2-Konzentration von 25-45% in der Inspirationsluft erreichen.

1031) Ein Beatmungsbeutel mit Reservoir erreicht bei 15 l/min Flow eine O_2-Konzentration von 95%.

1032) Eine Sauerstoffmaske ohne Reservoir erreicht bei 6-10 l/min Flow eine höhere O_2-Konzentration als eine Sauerstoffmaske mit Reservoir.

1033) Lackierte Fingernägel können die Pulsoxymetrie-Messung beeinträchtigen.

1034) Bei einer Kohlenmonoxidvergiftung zeigt die Pulsoxymetrie falsch niedrige Werte an.

1035) Die präduktale Sauerstoffsättigung beim Neugeborenen muss ausschließlich an der rechten oberen Extremität gemessen werden.

1036) Hand oder Fuß sind häufige Messorte bei Neugeborenen und Säuglingen.

1037) Das Pulsoxymetrie-Gerät misst mit Licht in drei verschiedenen Wellenlängen.

1038) Eine RR-Messung am gleichen Arm wie die Pulsoxymetrie kann die Messung beeinträchtigen.

Rechtsrahmen für Notfallsanitäter

Dieses Kapitel behandelt die wichtigsten rechtlichen Aspekte für Rettungsdienstpersonal.

Richtig oder falsch?

1039) Die Staatsgewalt besteht aus den drei voneinander unabhängigen Teilen: Legislative, Exekutive und Judikative.

1040) Das Recht der Länder steht über dem Recht des Bundes.

1041) Das öffentliche Recht regelt die Beziehungen der Bürger untereinander.

1042) Rettungsdienst und Krankentransport fallen in die Regelungskompetenz der Bundesländer.

1043) In den Landesrettungsdienstgesetzen sind Sicherstellungsauftrag, Trägerschaft und Anforderungen an das Personal geregelt.

1044) Sonderrechte nach § 35 StVO für Rettungsdienstfahrzeuge gelten nur wenn höchste Eile geboten ist, um Menschenleben zu retten oder schwere gesundheitliche Schäden abzuwenden.

1045) Das Wegerecht nach § 38 StVO ist nur wirksam, wenn sowohl Blaulicht als auch Einsatzhorn eingeschaltet sind.

1046) Ob ein Rettungsdienstfahrzeug Sonderrechte in Anspruch nehmen darf, hängt von der Verwendung von blauem Blinklicht ab.

1047) Alle Gegenstände im Rettungsdienstfahrzeug, die nicht dauerhaft fest verbunden sind, gelten als Ladung.

1048) Blaulicht allein darf zur Warnung an Einsatzstellen verwendet werden.

1049) Bei einem Verkehrsunfall müssen Unfallbeteiligte so lange am Unfallort bleiben, bis die Polizei eintrifft.

1050) Verschreibungspflichtige Medikamente dürfen von Apotheken nur bei Vorliegen einer ärztlichen Verschreibung an Verbraucher abgegeben werden.

1051) Arzneimittel dürfen nach Ablauf des Verfalldatums noch verkauft werden, wenn sie ordnungsgemäß gelagert wurden.

1052) Bei „Off-Label-Use" haftet der Hersteller des Arzneimittels in der Regel nicht für eventuell auftretende Schäden.

1053) Betäubungsmittel dürfen nur angewendet werden, wenn die beabsichtigte Schmerzbekämpfung nicht auf andere Weise erreicht werden kann.

1054) Die Vernichtung von Betäubungsmitteln muss in Gegenwart von drei Zeugen erfolgen.

1055) Das Betäubungsmittelbuch und die Betäubungsmittelvorräte sind monatlich zu überprüfen.

1056) Aktive Medizinprodukte dürfen nur von Personen angewendet werden, die eine Einweisung durch den Hersteller erhalten haben.

1057) Für jedes Medizinprodukt der Anlagen 1 und 2 muss ein Medizinproduktebuch geführt werden.

1058) Medizinprodukte mit Messfunktion müssen nur bei Funktionsstörungen einer messtechnischen Kontrolle unterzogen werden.

1059) Voraussetzungen für die Zwangsunterbringung sind Diagnose einer psychischen Krankheit, erhebliche Eigen- oder Fremdgefährdung und Erforderlichkeit der Zwangsunterbringung.

1060) Die Zwangsunterbringung muss immer vor der Durchführung von einem Richter genehmigt werden.

1061) Unmittelbarer Zwang darf nur von Personen ausgeübt werden, die von der Behörde eine Ernennungsurkunde zum Vollzugsbeamten erhalten haben.

1062) Notärzte im Rettungseinsatz können sich auf die Feststellung des Todes und des Auffindezeitpunkts beschränken und müssen dann unverzüglich eine beschränkte Todesbescheinigung ausstellen.

1063) Bei der ärztlichen Leichenschau müssen alle Körperregionen untersucht werden, nachdem die Leiche vollständig entkleidet wurde.

1064) Leichen dürfen grundsätzlich nicht in Rettungswagen transportiert werden.

1065) Notwehr ist die Verteidigung gegen einen rechtswidrigen und gegenwärtigen Angriff auf sich selbst oder eine andere Person.

1066) Beim rechtfertigenden Notstand muss das geschützte Interesse wesentlich höherwertiger sein als das durch die Tat verletzte.

1067) Kinder unter 16 Jahren sind schuldunfähig.

1068) Wer einen staatlich geregelten Heilberuf ausübt, ist verpflichtet, über fremde Geheimnisse, die ihm im Rahmen seiner Berufstätigkeit bekannt geworden sind, zu schweigen.

1069) Die Schweigepflicht gilt grundsätzlich auch gegenüber anderen Ärzten, Kollegen, Behörden, Gerichten und der Polizei.

1070) Nach § 201 StGB wird nur bestraft, wer gesprochene Worte eines anderen mit einem technischen Gerät aufnimmt, nicht aber wer diese abhört.

1071) § 323c StGB enthält die Verpflichtung, den Betroffenen von Unglücksfällen oder akuten Gefahren- und Notsituationen Hilfe zu leisten.

1072) Eine Hilfeleistung ist unzumutbar, wenn eine erhebliche Eigengefährdung bestehen würde.

1073) Nach § 323c StGB wird nur bestraft, wer keine Hilfe leistet, nicht aber wer hilfeleistende Personen behindert.

1074) Wer aufgrund einer besonderen Stellung verpflichtet ist, ein bestimmtes Rechtsgut zu schützen, hat eine sogenannte Garantenstellung.

1075) Notfallsanitäter haben im Dienst eine Garantenstellung für das Leben und die körperliche Unversehrtheit ihrer Patienten.

1076) Ein Garant kann nur dann bestraft werden, wenn er einen Schaden selbst verursacht hat, nicht bei Untätigkeit.

1077) Das Heilpraktikergesetz stellt die Ausübung der Heilkunde durch Nichtärzte prinzipiell unter Strafe.

1078) Der neue § 2a des Notfallsanitätergesetzes legt fest, dass Maßnahmen in der Ausbildung erlernt worden sein, tatsächlich beherrscht werden und erforderlich sein müssen, um Lebensgefahr abzuwenden.

1079) Der Begriff „Heilkunde" im HeilprG ist sehr eng gefasst und umfasst nur operative Eingriffe.

1080) Eine Körperverletzung ist nicht rechtswidrig, wenn der Betroffene in die Handlung eingewilligt hat.

1081) Für eine wirksame Einwilligung muss der Patient einwilligungsfähig sein und ausreichend über die Maßnahme informiert werden.

1082) Bei nicht einwilligungsfähigen Patienten ist eine Einwilligung durch Dritte oder mutmaßliche Einwilligung grundsätzlich nicht möglich.

1083) Wer den Tod eines Menschen verursacht, wird mit Freiheitsstrafe bis zu 15 Jahren, in besonders schweren Fällen mit lebenslanger Freiheitsstrafe bestraft (Totschlag).

1084) Wer aus besonders verwerflichen Motiven oder auf besonders verwerfliche Weise den Tod eines Menschen verursacht, wird mit lebenslanger Freiheitsstrafe bestraft (Mord).

1085) Die Tötung eines Menschen ist zulässig, wenn der Betroffene eingewilligt oder die Tötung sogar verlangt hat, wie bei der sogenannten aktiven Sterbehilfe.

1086) Wegen Freiheitsberaubung wird bestraft, wer einen Menschen einsperrt, festhält, fesselt oder ihm auf andere Weise seine Bewegungsfreiheit nimmt.

1087) Eine Freiheitsberaubung gegen den Willen des Patienten ist nur zulässig, wenn ein Erlaubnis- oder Rechtfertigungstatbestand vorliegt.

1088) Bei Vorliegen einer Notwehrsituation ist eine Freiheitsberaubung grundsätzlich nicht zulässig.

1089) Wegen Aussetzung wird bestraft, wer einen Menschen in eine hilflose Lage versetzt oder in einer hilflosen Lage im Stich lässt.

1090) Aussetzung ist nur strafbar, wenn die hilflose Person dadurch tatsächlich zu Schaden kommt.

1091) Für eine Strafbarkeit wegen Aussetzung muss der Täter die hilflose Person zuvor in seiner Obhut gehabt haben oder verpflichtet gewesen sein, für sie zu sorgen, und die Person dadurch in Lebensgefahr oder in die Gefahr einer schweren Gesundheitsschädigung bringen.

1092) Wegen Urkundenfälschung wird bestraft, wer einen anderen dadurch täuscht, dass er eine echte Urkunde verändert, eine unechte Urkunde herstellt oder eine unechte oder verfälschte Urkunde gebraucht.

1093) Fehler in Dokumenten mit Urkundencharakter müssen ausradiert oder mit Korrekturflüssigkeit gelöscht werden, damit sie ordnungsgemäß berichtigt sind.

1094) Einsatzprotokolle, Fahrtenbücher und ärztliche Verordnungen gelten als wichtige Urkunden im Rettungsdienst.

1095) Wer Widerstand gegen Vollstreckungsbeamte wie Polizisten, Vollzugsbeamte oder Soldaten leistet oder diese tätlich angreift, wird bestraft.

1096) Einsatzkräfte der Feuerwehr, des Katastrophenschutzes oder eines Rettungsdienstes sind nur dann strafrechtlich geschützt, wenn sie sich in einem lebensbedrohlichen Einsatz befinden.

1097) Wer Einsatzkräfte des Rettungsdienstes bei einer Hilfeleistung durch Gewalt oder Drohung mit Gewalt behindert oder sie tätlich angreift, wird nach § 115 StGB bestraft.

1098) Es macht sich strafbar, wer absichtlich oder wissentlich Notrufe oder Notrufeinrichtungen gebraucht, ohne dass ein Notfall vorliegt.

1099) Das Vortäuschen eines Notfalls ist nur dann strafbar, wenn dadurch tatsächlich Rettungskräfte ausrücken.

1100) Wer Rettungsgeräte oder andere Sachen, die zur Hilfeleistung bei Notfällen dienen, beseitigt oder ihre Funktionsfähigkeit vermindert, macht sich strafbar.

1101) Grundlage eines zivilrechtlichen Arbeitsverhältnisses ist der Arbeitsvertrag zwischen Arbeitgeber und Arbeitnehmer.

1102) Für die Dienstverhältnisse von Beamten, Soldaten und Richtern gilt das zivile Arbeitsrecht, weshalb sie ebenfalls einen Arbeitsvertrag abschließen müssen.

1103) Die Arbeitsniederlegung im Rahmen der Teilnahme an einem gewerkschaftlich organisierten Streik ist erlaubt und darf vom Arbeitgeber nicht mit Abmahnungen oder Kündigungen sanktioniert werden.

1104) Beamte dürfen streiken, solange sie dabei vereinbarte Notdienste wahrnehmen.

1105) Bei erstmaligem Verstoß gegen arbeitsvertragliche Pflichten wird eine Abmahnung ausgesprochen, wiederholte Pflichtverstöße trotz Abmahnung sind ein Kündigungsgrund.

1106) Anweisungen, deren Ausführung offensichtlich eine Straftat darstellen würde, dürfen nicht befolgt werden.

1107) Eine wichtige Grundpflicht jedes Arbeitgebers ist der Schutz der Beschäftigten vor Schäden.

1108) Das Mutterschutzgesetz regelt Beschränkungen und Maßnahmen zum Schutz der Gesundheit von Müttern und Kindern nur während der Schwangerschaft.

1109) Das Jugendarbeitsschutzgesetz enthält Beschränkungen zum Schutz der Gesundheit und Entwicklung von arbeitenden Kindern und Jugendlichen.

1110) Die Freiheitsrechte aus Artikel 2 des Grundgesetzes umfassen auch die „Freiheit zur Krankheit", also die freie Entscheidung, ob das Recht auf eine medizinische Behandlung in Anspruch genommen wird oder nicht.

1111) Behandlung oder Transport gegen den Willen eines einsichtsfähigen Patienten ist zulässig, wenn es medizinisch dringend erforderlich ist.

1112) Ein Betreuer kann in eine medizinische Behandlung einwilligen, wenn ihm vom Gericht der Aufgabenbereich „Gesundheitssorge" übertragen wurde.

1113) Eine Patientenverfügung ist nur dann verbindlich, wenn sie notariell beglaubigt wurde.

1114) Medizinisch indizierte Maßnahmen und Untersuchungen, die nicht dokumentiert wurden, gelten aus rechtlicher Sicht als nicht durchgeführt.

1115) Ist eine eindeutige Feststellung einer Patientenverfügung in einer Notfallsituation nicht möglich, muss der Rettungsdienst zunächst die erforderlichen lebenserhaltenden Maßnahmen einleiten.

1116) Grundsatz der zivilrechtlichen Haftung: Wer eine Pflicht verletzt und dadurch einem anderen einen Schaden zufügt, muss für den Schaden aufkommen.

1117) Im Privatrecht ist die Haftung begrenzt auf maximal 100.000 Euro pro Schadensfall.

1118) Da der Rettungsdienst eine staatliche Aufgabe ist, gilt in der Regel der Amtshaftungsgrundsatz des öffentlichen Rechts: Die Schadenersatzpflicht trifft den Aufgabenträger.

1119) Bei Vorsatz kann der Arbeitgeber den vollen Betrag von dem Beschäftigten zurückfordern, bei Fahrlässigkeit in der Regel bis zu drei Bruttomonatsgehälter.

1120) Durch den Abschluss einer Berufshaftpflichtversicherung können sich Beschäftigte gegen Schadenersatz- und Regressforderungen absichern.

1121) Bußgelder und Geldstrafen können über eine Berufshaftpflichtversicherung abgesichert werden.

Infektionsschutz und Hygienemaßnahmen

In diesem Kapitel testest du dein Wissen über mikrobiologische Grundlagen und Infektionsprävention.

Richtig oder falsch?

1122) Bakterien sind einzellige Lebewesen, die über einen echten Zellkern verfügen und zu den Eukaryonten gehören.

1123) Bakterien vermehren sich über Zellteilung (Mitose) und benötigen Nahrung und entsprechende Temperatur für die Vermehrung.

1124) Bakterien können mit Antibiotika bekämpft werden und lassen sich relativ einfach desinfizieren.

1125) Viren sind besonders kleine Mikroorganismen, die einen eigenen Stoffwechsel haben und sich selbstständig vermehren können.

1126) Viren vermehren sich über eine Wirtszelle, wobei die befallene Zelle bei diesem Vorgang abstirbt.

1127) Viren sind grundsätzlich pathologisch und sind in der Lage zu mutieren, wie zum Beispiel Grippeviren und Coronaviren.

1128) Pilze haben einen Zellkern und gehören zu den Eukaryonten, die sich immer aus einer zellkernhaltigen Ausgangszeile entwickeln.

1129) Die Vermehrung von Pilzen erfolgt ausschließlich geschlechtlich über Sporen.

1130) Pilze können neben Hautinfektionen auch die Lunge befallen und dort eine Pneumonie auslösen.

1131) Sporen sind Dauerformen mit erhöhter Resistenz gegenüber Umwelteinflüssen und können durch Hitze und Trockenheit kaum zerstört werden.

1132) Aerobe Sporen können ohne Sauerstoff überleben und sind daher besonders widerstandsfähig.

1133) Bacillus anthracis (Milzbrand) ist der bekannteste aerobe Sporenbildner.

1134) Clostridien sind grampositive, obligat anaerobe, Sporen bildende Bakterien, die überall vorkommen und sich sehr schwer desinfizieren lassen.

1135) Die Sporen von Clostridien sind hitzeresistent und können in siedendem Wasser nur wenige Minuten überleben.

1136) Clostridium tetani verursacht Tetanus und Clostridium botulinum verursacht Botulismus, wobei die Toxine für die Erkrankungen verantwortlich sind.

1137) Zu den direkten Übertragungswegen gehören Tröpfcheninfektion, Kontaktinfektion, Schmierinfektion und vertikale Infektion von der Mutter auf das Kind.

1138) Zeckenbisse, die FSME übertragen können, gehören zu den direkten Übertragungswegen.

1139) Kontaminierte Lebensmittel, Aerosole und Insektenstiche sind Beispiele für indirekte Übertragungswege.

1140) Fingernägel müssen kurz und rund geschnitten sein, während Nagellack im Rettungsdienst zulässig ist.

1141) Die Dienstkleidung muss täglich gewechselt werden oder bei sichtbaren Verschmutzungen.

1142) Bei Hauterkrankungen wie Schuppenflechte oder Parasitenbefall sollte Rücksprache mit dem Betriebsarzt gehalten werden.

1143) Bei einer aktiven Immunisierung werden dem Körper abgeschwächte oder abgetötete Erreger injiziert, woraufhin der Körper aktiv Antikörper bilden muss.

1144) Bei einer passiven Immunisierung werden dem Körper bereits fertig hergestellte Antikörper verabreicht, die einen Impfschutz für mehrere Jahre bieten.

1145) DNA- und mRNA-Wirkstoffe schleusen nur den gentechnischen Bauplan für Erregerantigene in den menschlichen Körper und lösen die Produktion des Antigens direkt in den menschlichen Zellen aus.

1146) Händedesinfektion sollte vor und nach jedem Patientenkontakt durchgeführt werden.

1147) Die wöchentliche Desinfektion des kompletten Innenraums des Rettungsmittels ist ausreichend, eine tägliche Desinfektion der Kontaktflächen ist nicht erforderlich.

1148) Hände müssen bei sichtbaren Verschmutzungen und bei einigen Infektionskrankheiten wie durch Clostridium difficile gewaschen werden.

1149) Desinfektion ist die Abtötung oder weitgehende Reduzierung der Zahl pathogener Keime, sodass eine Infektion nicht mehr zu befürchten ist.

1150) Der Sinner-Kreis der Desinfektion besteht aus den vier Faktoren: Chemie, Temperatur, Mechanik und Zeit.

1151) Scheuer- bzw. Wischdesinfektion erfolgt ausschließlich durch chemische Einwirkung ohne mechanische Komponente.

1152) Bei einer Sterilisation wird ein Gegenstand so behandelt, dass er frei von sämtlichen Mikroorganismen und Sporen ist.

1153) Steril verpackte Gegenstände haben kein Verfallsdatum und können unbegrenzt gelagert werden.

1154) Die meisten Rettungsdienste verwenden vornehmlich Einmalmaterial, da der Aufwand für eine eigene Sterilisationsabteilung zu groß ist.

1155) Wirksamkeitskontrolle mittels UV-Stift ist möglich.

1156) Abklatschproben sollten angekündigt durchgeführt werden, damit sich die Mitarbeiter entsprechend vorbereiten können.

1157) In der Regel werden drei Proben pro Fahrzeug genommen und die Kosten betragen etwa 12 Euro pro Abklatsch einschließlich Befund.

1158) Das Robert Koch-Institut (RKI) in Berlin ist gemäß § 4 damit beauftragt, Konzeptionen zur Vorbeugung übertragbarer Krankheiten zu entwickeln.

1159) Rettungsdienstpersonal ist immer zur Meldung meldepflichtiger Krankheiten verpflichtet, unabhängig davon, wohin der Patient transportiert wird.

1160) Bei einer behördlich angeordneten Desinfektion müssen die Mittel und Konzentrationen mit entsprechender Einwirkzeit angewendet werden, die auf der RKI-Liste hinterlegt sind.

1161) Jedes Rettungsmittel muss mindestens drei Infektionsschutzsets vorhalten.

1162) Ein Infektionsschutzset enthält unter anderem 1 Schutzanzug mit Füßlingen und Haube sowie 2 Paar Schutzhandschuhe.

1163) Bei besonders gefährlichen Virusinfektionen wie Ebola werden spezielle Schutzanzüge verwendet, die bei Bedarf durch die Feuerwehr zur Einsatzstelle gebracht werden.

1164) FFP 1 Masken sind ausreichend für alle Arten von Infektionstransporten im Rettungsdienst.

1165) Bei der Dekontamination nach Ebola-Kontakt muss ein strenges Protokoll eingehalten werden.

1166) Der Fahrer des Rettungsmittels muss sich nur einmal zu Beginn des Transports die erweiterte PSA anlegen.

1167) Bei einer Umkehrisolation wird der Patient vor möglichen Keimen aus dem Rettungsmittel und dem Rettungsdienstpersonal geschützt.

1168) Eine Umkehrisolation ist bei Patienten mit geschwächtem Immunsystem indiziert, wobei die Leukozytenzahl ausschlaggebend ist.

1169) Nach einer Umkehrisolation ist immer eine Schlussdesinfektion des Rettungsmittels erforderlich.

1170) MRSA steht für methicillinresistenter Staphylococcus aureus.

1171) 3MRGN und 4MRGN sind multiresistente gramnegative Erreger, die gegen drei bzw. vier Antibiotikagruppen eine Resistenz entwickelt haben.

1172) In Deutschland sterben Schätzungen zufolge jährlich etwa 1.000 Menschen an den Folgen einer Infektion mit multiresistenten Erregern.

1173) Es muss unterschieden werden, ob es sich um eine Besiedelung oder um eine Infektion handelt.

1174) Bei einem Transport eines MRSA-positiven Patienten führt eine Übertragung auf einen Rettungsdienstmitarbeiter immer zu einer Infektion.

1175) CDAD kann massive Durchfälle und Hypovolämie verursachen, während Pseudomonas aeruginosa schwere Pneumonien auslösen kann.

1176) Je nach Erreger oder Besiedelungsort und möglichem Übertragungsweg müssen die Hygienemaßnahmen beim Transport angepasst werden.

1177) Bei multiresistenten Bakterien sind alkoholische Desinfektionsmittel oft ausreichend.

1178) Die TRBA 250 enthält 10 Hauptpunkte, darunter Anwendungsbereich, Begriffsbestimmungen und Schutzmaßnahmen.

1179) Punkt 6 der TRBA 250 behandelt das Verhalten bei Unfällen.

1180) Die arbeitsmedizinische Vorsorge wird in Punkt 8 der TRBA 250 behandelt.

1181) Anhang 1 behandelt Sonderisolierstationen der Schutzstufe 4.

1182) Anhang 7 enthält Informationen zum korrekten Sitz und zur Tragedauer von FFP-Masken sowie zum Unterschied von MNS- und FFP-Masken.

1183) Anhang 6 ist ein Beispiel für einen Erfassungs- und Analysebogen für Desinfektionsmittelverletzungen.

1184) Laut § 3 der Biostoffverordnung werden biologische Arbeitsstoffe nach dem von ihnen ausgehenden Infektionsrisiko in vier Risikogruppen eingeteilt.

1185) Arbeitsstoffe, die in der Lebensmittelindustrie verwendet werden wie die Bäckerhefe, gehören zur Risikostufe 1.

1186) Das Ebola-Virus ist der Risikostufe 3 zugeordnet.

1187) Schutzstufe 2 umfasst Tätigkeiten, bei denen es regelmäßig und nicht nur in geringfügigem Umfang zum Kontakt mit potenziell infektiösem Material kommen kann.

1188) Schutzstufe 4 betrifft Tätigkeiten im Rahmen der Untersuchung, Behandlung und Pflege von Patienten, die mit einem hochkontagiösen lebensbedrohlichen Krankheitserreger der Risikogruppe 4 infiziert sind.

1189) Schutzstufe 1 umfasst Tätigkeiten, bei denen häufiger Kontakt mit potenziell infektiösem Material zustande kommt.

1190) Bei einer Nadelstichverletzung sollte die Einstichstelle ausbluten gelassen und anschließend desinfiziert werden.

1191) Nach einer Nadelstichverletzung sind Kontrollblutentnahmen nach 3 bzw. 6 Monaten erforderlich.

1192) Eine Nadelstichverletzung muss nicht als Arbeitsunfall dokumentiert werden, da sie zu den normalen Berufsrisiken gehört.

1193) Die zeitnahe Einnahme der Postexpositionsprophylaxe wird 1-2 Stunden nach Exposition empfohlen, ist aber auch später noch möglich.

1194) Eine antivirale Therapie ist bei massiver Inokulation von mehr als 1 ml Blut eines HIV-positiven Patienten indiziert.

1195) Die Kosten für eine Postexpositionsprophylaxe bei einem Arbeitsunfall werden vom Arbeitnehmer selbst getragen.

1196) Hepatitis A wird fäkal-oral über Lebensmittel und Trinkwasser übertragen und hat eine Inkubationszeit von 15-50 Tagen.

1197) Hepatitis B wird parenteral, sexuell und perinatal übertragen und hat eine sehr hohe Infektiosität bereits vor Krankheitsausbruch.

1198) Gegen Hepatitis C ist eine Impfung möglich und seit 2013 sind Medikamente zur Heilung zugelassen.

1199) Masern werden durch Tröpfcheninfektion übertragen und sind hoch kontagiös.

1200) Die Inkubationszeit beträgt 8-10 Tage bis zum Beginn der Prodromi und 14 Tage bis zum Beginn des Exanthems.

1201) Seit 2011 sind in Deutschland weniger als 100 Menschen pro Jahr an Masern erkrankt.

1202) Influenza wird durch ein RNS-Virus verursacht und hat eine Inkubationszeit von 1-3 Tagen.

1203) Die Infektiosität ist hoch und besteht auch dann, wenn noch keine Symptome vorhanden sind.

1204) Der jährlich hergestellte Grippeimpfstoff wird für alle Altersgruppen gleichermaßen empfohlen.

1205) Das Norovirus wurde früher als Norwalk-Like-Virus bezeichnet und wird durch Tröpfchen- und Schmierinfektion übertragen.

1206) Die Symptome halten in der Regel 36 Stunden an und umfassen akute, starke Durchfälle und Erbrechen.

1207) Das Norovirus tritt hauptsächlich in den Sommermonaten auf und eine Impfung ist verfügbar.

1208) Meningokokken sind gramnegative Diplokokken und werden durch Tröpfcheninfektion und direkten Kontakt übertragen.

1209) Die Meningokokken-Meningitis kann sich zu einem Waterhouse-Friderichsen-Syndrom entwickeln und eine hohe Letalität verursachen.

1210) Bei Kontakt ohne Schutzkleidung ist eine Postexpositionsprophylaxe mit Antibiotika nicht möglich.

1211) Der Erreger der Lungentuberkulose ist Mycobacterium tuberculosis und die Übertragung erfolgt durch Tröpfcheninfektion.

1212) Typische Symptome sind Husten, blutiger Husten, Nachtschweißigkeit, leichtes Fieber und Gewichtsverlust.

1213) Eine Impfung gegen Tuberkulose ist möglich und wird als Standardimpfung empfohlen.

1214) Es handelt sich um eine Durchfallerkrankung bei Patienten, bei denen aufgrund einer langen Antibiotikatherapie die physiologischen Darmbakterien abgetötet wurden.

1215) Typische Symptome sind Durchfall ohne Erbrechen, faulig-süßlich riechender Kot und Bauchschmerzen.

1216) Händedesinfektionsmittel wirken gut gegen Clostridium difficile, daher reicht eine normale Händedesinfektion aus.

1217) Patienten mit MRSA werden im Rettungsdienst am häufigsten transportiert.

1218) MRSA ist eine nosokomiale Infektion.

1219) Es gibt verschiedene MRSA-Varianten wie C, H oder La-MRSA.

1220) Die Übertragung erfolgt je nach Besiedelungsort durch Tröpfchen- oder Kontaktinfektion.

1221) Eine Impfung gegen MRSA ist möglich.

1222) Typische Symptome sind Wundheilungsstörungen, Pneumoniesymptome und Symptome eines Harnwegsinfekts.

1223) Die Inkubationszeit ist unabhängig von der Anzahl der aufgenommenen Erreger.

1224) Zur Infektiosität können keine genauen Angaben gemacht werden.

QM-Systeme im Rettungswesen

Dieses Kapitel behandelt die Grundlagen des Qualitätsmanagements. Du testest dein Wissen über verschiedene QM-Systeme wie ISO 9001 und deren Anwendung im Rettungsdienst.

Richtig oder falsch?

1225) Ein Hauptprozess beschreibt die eigentliche Dienstleistung einer Organisation.

1226) Eine Hauptabweichung ist ein Verstoß gegen ein Gesetz oder fehlerhafte Umsetzung eines Hauptprozesses.

1227) Das Qualitätsmanagementhandbuch (QMH) ist ein Diagramm, aus dem hervorgeht, welcher Mitarbeiter für welche Bereiche verantwortlich ist.

1228) Zu den Anforderungen gehört das Festlegen der erforderlichen Prozesse und ihre Anwendung sowie der Abfolge und Wechselwirkung dieser Prozesse.

1229) Das Überwachen, Messen und Analysieren der Prozesse ist eine der allgemeinen Anforderungen an das QM-System.

1230) Das Treffen von Maßnahmen zur ständigen Verbesserung der Prozesse ist nicht erforderlich, da die Prozesse einmal festgelegt und dann nicht mehr verändert werden.

1231) Ein QM-System ist bei Ausschreibungen zwingend erforderlich.

1232) Ein QM-System soll von der obersten Leitung am grünen Tisch entwickelt werden, ohne die Mitarbeiter zu beteiligen.

1233) Mitarbeiter entwickeln in Qualitätszirkeln entsprechende praxisnahe Prozesse und die Zufriedenheit der Mitarbeiter wird in Mitarbeiterbefragungen analysiert.

1234) QM ermöglicht einheitliche Steuerbarkeit von Arbeitsabläufen in den Rettungswachen und Sicherstellung einheitlicher Qualität.

1235) Zu den Vorteilen gehören bessere Nutzung von Ressourcen, Kosteneinsparung und klare Zuständigkeiten durch Organigramm.

1236) QM führt zu weniger Sicherheit für den Patienten und die Mitarbeiter, da mehr Bürokratie entsteht.

1237) Die Einführung eines QM-Systems ist kostenintensiv und zeitaufwendig.

1238) Audits sind sehr zeitsparend und können nebenbei durchgeführt werden.

1239) Ein QM-System führt zu einer gefühlten Mehrarbeit für die Mitarbeiter.

1240) Die Zugänglichkeit wird durch zeitgemäße Alarmierungsmöglichkeiten wie digitaler Funkmeldeempfänger, Fax und Telefon gewährleistet.

1241) Patienten auf dem Land haben grundsätzlich Anspruch auf eine schlechtere Notfallbehandlung als Patienten in der Großstadt.

1242) Die Patientenzufriedenheit kann mittels Patientenbefragungen zur menschlichen, anteilnehmenden Betreuung erhoben werden.

1243) Die ISO 9001:2015 ist ein maßgeschneidertes Modell, um die Bedürfnisse der interessierten Parteien wie Kunde, Patient und Krankenkasse zu gewährleisten.

1244) Zur Verantwortung der Leitung gehört ausschließlich die Erstellung eines Leitbilds, andere Aufgaben fallen nicht darunter.

1245) Messung, Analyse und Verbesserung umfasst unter anderem den kontinuierlichen Verbesserungsprozess (KVP) und die Durchführung von internen und externen Audits.

1246) Das KTQ-System wurde 2011 entwickelt und ist damit noch recht jung.

1247) Das KTQ-System umfasst vier Bewertungsdimensionen: Patientenorientierung, Mitarbeiterorientierung, Sicherheit und Führung.

1248) Das KTQ-System ist weniger einschränkend als die ISO 9001.

1249) Ein RTW muss mindestens so ausgestattet sein, wie die DIN EN 1789 es vorschreibt.

1250) Zur Ausstattung eines RTW gehören gemäß DIN EN 1789 unter anderem Funkgerät, Taschenlampe, Kühlfach für Medikamente und Feuerwehrhelm.

1251) Die DIN EN 1789 wurde zuletzt im Jahr 2015 erneuert und überarbeitet.

1252) Ein internes Audit ist eine betriebsinterne Prüfung, die durch speziell geschulte Mitarbeiter/Auditoren durchgeführt wird und als Vorbereitung für ein externes Audit dient.

1253) Bei einem externen Audit kann das Zertifikat bei Nichtbestehen entzogen werden.

1254) Interne Audits müssen nicht vorher angekündigt werden und können spontan durchgeführt werden.

1255) Der PDCA-Zyklus wird auch Deming-Kreis genannt und steht für Plan, Do, Check, Act.

1256) In der „Check"-Phase erfolgt die Umsetzung in die Praxis anhand der Prozessbeschreibung.

1257) Der PDCA-Zyklus ist anwendbar auf Kern- und Unterstützungsprozesse und wird in der Regel vom QMB durchgeführt oder in Auftrag gegeben.

1258) Zur gesetzlich vorgeschriebenen Dokumentation gehören unter anderem Einsatzdokumentation, Umgang mit Betäubungsmitteln und Gerätebuch/Durchführung der Funktionsprüfung.

1259) Fortbildungsbescheinigungen müssen gemäß Notfallsanitätergesetz (NotSanG) dokumentiert werden.

1260) Behördlich angeordnete Desinfektionen müssen gemäß Arbeitsschutzgesetz dokumentiert werden.

1261) Dokumente für das Qualitätsmanagement werden von den zuständigen Qualitätszirkeln, dem QMB oder der obersten Leitung entwickelt und freigegeben.

1262) Das QM-Handbuch kann nur in Papierform vorgehalten werden, eine digitale Form ist nicht zulässig.

1263) Zu den QM-Dokumenten gehören unter anderem Checklisten, Vordruck Patientenbeschwerde, Wachbuch und Auditprotokolle.

1264) Der Datenschutz ist im Bundesdatenschutzgesetz (BDSG) vom 14.8.2009 geregelt, dessen aktuelle Fassung seit Mai 2018 gilt.

1265) Personenbezogene Daten sind Bestandteil des Persönlichkeitsrechts § 1 Abs. 1 BDSG und stehen im Zusammenhang mit der Schweigepflicht.

1266) Verletzungen der Datenschutzvorschriften haben keine rechtlichen Konsequenzen für das Unternehmen.

1267) Das Einsatzprotokoll soll als objektiver Bericht verfasst werden und das Original verbleibt beim Patienten.

1268) Die gesetzliche Archivierungszeit für Einsatzprotokolle beträgt 5 Jahre.

1269) Gemäß Patientenrechtegesetz (PRG) ist das Einsatzprotokoll als Patientenakte zu werten und Patienten dürfen es einsehen.

1270) Nicht dokumentierte Maßnahmen gelten primär als nicht durchgeführt.

1271) Einsatzprotokolle dürfen von allen Kollegen in der Rettungswache gelesen werden, auch wenn sie nicht am Einsatz beteiligt waren.

1272) Die Kontrolle der Einsatzberichte durch die oberste Leitung bzw. den QMB ist aufgrund der Schweigepflicht nicht zulässig - dafür ist im Regelfall der ÄLRD zuständig.

1273) Dokumentenlenkung beschreibt, auf welche Art und Weise Dokumente innerhalb einer Organisation erstellt, bearbeitet, geprüft, freigegeben und verteilt werden.

1274) Ein Dokument ist veränderbar und Revisionsstände müssen erkennbar sein.

1275) Das Ziel der Dokumentenlenkung ist, dass das richtige Dokument in der aktuellen Version zur richtigen Zeit am richtigen Ort ist.

1276) Bei der analogen Dokumentenlenkung entstehen keine Anschaffungskosten für Hard-/Software, aber es gibt hohen Papierverbrauch und platzintensive Archivierung.

1277) Bei der digitalen Dokumentenlenkung ist kein standortunabhängiger Zugriff auf die Dokumentation möglich.

1278) Checklisten werden wie Dokumente behandelt und sollten möglichst nur aus einer Seite bestehen.

1279) CIRS ist ein Berichterstattungssystem zur Erfassung von Fehlern bzw. Beinahe-Fehlern im Gesundheitswesen und ist ein Online-Angebot.

1280) Das Ziel von CIRS ist ein anonymes wechselseitiges Lernen, sodass Fehler im Alltag vermieden werden und die Qualität im Gesundheitswesen verbessert wird.

1281) Veröffentlichte Beiträge in CIRS sind nur für registrierte Fachkräfte einsehbar und nicht öffentlich zugänglich.

1282) Jede Beschwerde oder Kritik muss ernst genommen und in einem kurzen und klar definierten Zeitfenster bearbeitet werden.

1283) Beschwerden sollen als Strafe empfunden werden und der Verfasser der Beschwerde wird nicht persönlich kontaktiert.

1284) Beschwerden sollten als Motivation genutzt werden, um sich zu verbessern, und eine wertschätzende Lösung wird angestrebt.

1285) Fehler müssen erfasst, analysiert und abgestellt werden, wobei der PDCA-Zyklus angewendet wird.

1286) Ein Fehler darf sich wiederholen, da Fehler als normale Bestandteile des Arbeitsalltags gelten.

1287) Der Fehler liegt meist im Prozess und nicht in der Person oder beim Mitarbeiter, und Fehler gelten als Lernerfahrung.

1288) Das Ziel einer Verfahrensanweisung ist die Standardisierung von Abläufen auf der Rettungswache und der Einsatzabläufe.

1289) Verfahrensanweisungen gewährleisten eine personenabhängige Qualität der Dienstleistung.

1290) Alle Mitarbeiter müssen die Verfahrensanweisungen kennen, nutzen und befolgen.

1291) Eine Verfahrensanweisung kann als Flussdiagramm oder Fließtext erstellt werden und muss ein definiertes Ziel sowie einen klar erkennbaren Geltungsbereich enthalten.

1292) Der Autor der Verfahrensanweisung und die aktuelle Versionsnummer müssen nicht erkennbar sein.

1293) Verwendete Begriffe/Abkürzungen müssen erläutert sein und ein einheitliches Layout, Aufbau und Gliederung sollte verwendet werden.

1294) Zu den Verfahrensanweisungen im Rettungsdienst gehören unter anderem SOP des ÄLRD, Fahrzeugcheck und Ablauf der Desinfektion.

1295) Verfahrensanweisungen für die Einarbeitung neuer Mitarbeiter und das Bestellwesen sind im Rettungsdienst nicht erforderlich.

1296) Die Archivierung von Dokumenten bzw. Dokumentenlenkung und der Umgang mit Beschwerden sind Beispiele für Verfahrensanweisungen im Rettungsdienst.

Behandlungsstandards und Einsatzstrategien

Hier stehen strukturierte Handlungsabläufe und Einsatzkonzepte im Mittelpunkt. Du testest dein Wissen über den Aufbau und die Anwendung von Algorithmen sowie die Alarm- und Ausrückeordnung.

Richtig oder falsch?

1297) Algorithmen sind nach dem Wenn-dann-Prinzip aufgebaut und stellen strukturierte Handlungsanweisungen in Form eines Flussdiagramms dar.

1298) Algorithmen sind dogmatisch und müssen in jeder Situation strikt befolgt werden, ohne Abweichungen zu erlauben.

1299) Bei Einhaltung der Algorithmen herrscht Rechtssicherheit für das Personal, den Arbeitgeber und den Träger des Rettungsdienstes.

1300) Algorithmen sind im Normalfall in fünf Phasen aufgeteilt: Eintreffen an der Einsatzstelle, Kategorisierung, notfallmedizinische Handlungsvorgaben, Transport und Einsatznachbereitung.

1301) Phase 1 dient der Kategorisierung des Patienten in kritisch oder nicht kritisch und beinhaltet die Durchführung der Ersteinschätzung nach dem ABCDE-Schema.

1302) Phase 3 beginnt mit der Verabreichung spezieller Notfallmedikamente und endet mit der Anmeldung in der geeigneten Zielklinik.

1303) Leitlinien werden von medizinischen Fachgesellschaften herausgegeben und beschreiben die nach gegenwärtigem Wissensstand besten Handlungsweisen.

1304) Die methodische Qualität einer S1-Leitlinie ist höher als die einer S3-Leitlinie, da sie von einer Expertengruppe im informellen Konsens erarbeitet wurde.

1305) Abweichungen von einer Leitlinie sind möglich, müssen jedoch gut begründet sein, um dem Vorwurf eines strafrechtlich relevanten Fehlverhaltens vorzubeugen.

1306) Richtlinien werden von dazu gesetzlich ermächtigten Stellen herausgegeben und handeln sich um Handlungs- oder Ausführungsvorschriften.

1307) Richtlinien müssen im Gegensatz zu Leitlinien befolgt werden.

1308) Die Krankentransportrichtlinie wird vom Robert Koch-Institut herausgegeben.

1309) Nach dem Notrufeingang erfolgt die Notrufabfrage nach festgelegtem Schema durch den Disponenten, gefolgt von der Dateneingabe in den Einsatzleitrechner.

1310) Der Einsatzleitrechner erstellt automatisch einen Alarmierungsvorschlag gemäß AAO, welcher vom Disponenten überprüft werden muss.

1311) Die Vergabe eines Einsatzstichworts erfolgt erst nach der Alarmierung des ausgewählten Rettungsmittels.

1312) Einsatzstichwörter sind bundeseinheitlich geregelt und werden von jeder Leitstelle identisch verwendet.

1313) Im Rahmen der strukturierten und standardisierten Notrufabfrage werden neuerdings sogenannte Alarmcodes anstatt Einsatzstichwörter vergeben.

1314) Einsatzstichwörter werden bei der Alarmierung an die Besatzung der Rettungsmittel übertragen und beinhalten Abkürzungen wie z.B. NA für Notarzt.

1315) Jede Leitstelle verfügt über eine eigene AAO und für die Erstellung der AAO ist der Träger des Rettungsdienstes verantwortlich.

1316) Die AAO beinhaltet ausschließlich Einsatzmittel des Rettungsdienstes, nicht aber der Feuerwehr oder des THW.

1317) Bei der Erstellung der AAO für den Rettungsdienst ist der Rettungsmittelbedarfsplan ausschlaggebend.

1318) Bei einem Notfalleinsatz liegt eine vitale Bedrohung vor, schwere gesundheitliche Schäden sind zu befürchten oder der Patient hat starke Schmerzen.

1319) Ein Notfalleinsatz kann sowohl von einem Rettungswagen als auch von einem Krankentransportwagen durchgeführt werden.

1320) Bei einem Notfalleinsatz werden auf der Anfahrt Sonder- und Wegerechte eingesetzt und die länderspezifische Hilfsfrist gilt.

1321) Bei einem Krankentransport liegt keine vitale Bedrohung vor, aber eine qualifizierte Betreuung des Patienten ist erforderlich.

1322) Bei Krankentransporten gilt eine Hilfsfrist und es werden Sonder- und Wegerechte auf der Anfahrt eingesetzt.

1323) Als Transportmittel reicht ein Krankentransportwagen (KTW) aus und ein Transportschein ist für die Abrechnung zwingend erforderlich.

1324) Ein Standard-/Notfalleinsatz beginnt mit der Alarmierung durch die Rettungsleitstelle und der Anfahrt mit Sonder- und Wegerechten.

1325) Die Patientenversorgung erfolgt gemäß den gültigen Standard Operating Procedures (SOP) und endet mit der Übergabe an das weiterbehandelnde Team.

1326) Nach dem Patiententransport erfolgt direkt das Einsatzende, ohne dass die Einsatzbereitschaft wiederhergestellt werden muss.

1327) Das ersteintreffende Rettungsmittel muss den Führungsvorgang verwenden, der aus Lagefeststellung, Planung und Befehlsgebung besteht.

1328) Die Lagefeststellung umfasst die allgemeine Lage, die eigene Lage, die Materialsituation und die Schadenslage anhand der Gefahrenmatrix (4A, IC, 4E).

1329) Die vier Phasen der Lageerkundung sind: Frontalansicht, Befragung von beteiligten Personen, Zugänge prüfen und Rundumsicht um das Schadensobjekt.

1330) Ein neuer Befehl darf bereits erteilt werden, bevor der vorherige Befehl vollständig ausgeführt wurde, um Zeit zu sparen.

1331) Die Gefahrenmatrix 4A-IC-4E umfasst unter anderem Atemgifte, Angstreaktion, atomare Gefahren, chemische Stoffe und Elektrizität.

1332) Bei der Planung erfolgt nur die Beurteilung der Lage, während der Entschluss erst in der Befehlsgebungsphase gefasst wird.

1333) S-RTW kommen zum Einsatz, wenn die höchstzulässige Ladung einer Patiententrage überschritten wird, je nach Bauart ab etwa 200 kg.

1334) S-RTW verfügen über weitere Spezialausrüstung wie übergroße Tragetücher und technische Hilfsmittel wie eine Winde.

1335) Um einen sehr adipösen Patienten sicher in den S-RTW zu verbringen, reichen zwei Personen aus, da die speziellen technischen Hilfsmittel eine Unterstützung bieten.

1336) Intensivtransporte werden durch besondere Rettungsmittel wie ITW, ITH oder Ambulanzflugzeuge durchgeführt und es handelt sich in der Regel um Sekundärtransporte.

1337) Die eingesetzten ITW überschreiten 7,5 Tonnen, weshalb eine entsprechende Fahrerlaubnis nötig ist, und die Besatzung besteht aus Notfallsanitätern und einem Notarzt mit intensivmedizinischer Erfahrung.

1338) Bei Transporten mit extrakorporaler Membranoxygenierung (ECMO) ist kein spezielles Personal erforderlich, da die Geräte vollautomatisch arbeiten.

1339) Bei Verdacht auf eine hochkontagiöse lebensbedrohliche Erkrankung (HKLE) muss Abstand gehalten werden (1 m) und die persönliche Schutzausrüstung erweitert werden.

1340) Das Transportziel sollte ein Behandlungszentrum mit Sonderisolationsstation sein, in Ausnahmefällen darf ein Krankenhaus der Maximalversorgung angefahren werden.

1341) Nach der Übergabe in der Zielklinik kann die PSA normal abgelegt werden, da keine besondere Dekontamination erforderlich ist.

1342) Sämtliche Ärzte sind unabhängig von der Fachrichtung dem Rettungsdienstpersonal weisungsbefugt.

1343) Der ärztliche Notdienst wird durch die Kassenärztliche Vereinigung (KV) organisiert und ist unter der bundesweiten Telefonnummer 116117 erreichbar.

1344) Notärzte verfügen immer über genaue Kenntnis der Krankenhausstrukturen im Einsatzgebiet, da sie ausschließlich in ihrem Heimatbereich eingesetzt werden.

1345) Gesundheits- und Krankenpflegepersonal hat eine 3-jährige Ausbildung mit ähnlichem Ausbildungsverlauf wie bei der Ausbildung zum Notfallsanitäter.

1346) Pflegekräfte mit Fachweiterbildung in Anästhesie und/oder Intensivpflege können auch auf dem ITW eingesetzt werden.

1347) Altenpflege ist eine 2-jährige Berufsausbildung, die sich ausschließlich auf die Grundpflege älterer Menschen konzentriert.

1348) Psychosoziale Akuthelfer sind für die psychosoziale Betreuung sowohl von Einsatzkräften als auch von Angehörigen oder Augenzeugen in einer Notfallsituation zuständig.

1349) Die Notfallseelsorge wird von den jeweiligen Kirchen organisiert, während die KIT den jeweiligen Hilfsorganisationen angegliedert sind.

1350) Das Erkennungszeichen psychosozialer Akuthelfer außerhalb des häuslichen Umfelds ist in der Regel eine blaue Jacke oder Weste.

1351) Die primäre Aufgabe der Polizei besteht darin, für öffentliche Sicherheit und Ordnung zu sorgen sowie strafbare und ordnungswidrige Handlungen zu verfolgen.

1352) Zu den Aufgaben der Länderpolizei gehören unter anderem Verkehrssicherheit, Unfallermittlung, Bevölkerungsschutz und der Schutz der Rettungsdienstkräfte bei aggressiven Lagen.

1353) An einem vermuteten Tatort sollten Rettungsdienstkräfte bei der Ermittlungsarbeit unterstützen und verdächtige Gegenstände sicherstellen.

1354) In Deutschland gibt es 24.000 freiwillige Feuerwehren, 107 kommunale Berufsfeuerwehren und 1.000 Werks- und Betriebsfeuerwehren.

1355) Zu den Aufgaben der Feuerwehr gehören Retten, Löschen, Bergen, Schützen, Technische Hilfeleistung, Rettungsdienst und vorbeugender Brandschutz.

1356) Die Feuerwehr wird ausschließlich bei Bränden eingesetzt und hat keine Aufgaben im Bereich der technischen Hilfeleistung oder bei Verkehrsunfällen.

1357) Das THW ist eine Bundesanstalt im Zuständigkeitsbereich des Bundesinnenministeriums mit 80.000 Mitarbeitern und Helfern, davon 40.000 im aktiven Einsatzdienst.

1358) Zu den Aufgaben des THW gehören technische Hilfeleistung im Zivilschutz, Katastrophenschutz, Naturkatastrophen und Großschadenslagen.

1359) Das THW ist ausschließlich für nationale Einsätze zuständig und leistet keine Unterstützung im Ausland.

1360) In einigen Bereichen führt die Bundeswehr den zivilen Rettungsdienst durch und arbeitet mit dem Search-and-Rescue-Dienst zusammen.

1361) Gemäß Grundgesetz kann die Bundeswehr auch bei schweren Unglücksfällen im Inland eingesetzt werden.

1362) Die Bundeswehr darf ausschließlich militärische Einsätze durchführen und hat keine Berechtigung für zivile Hilfeleistungen wie Brandschutz oder Patiententransporte.

1363) Für die Bereitstellung von Such- und Hundestaffeln sind die Hilfsorganisationen, das THW, einige Feuerwehren oder der Bundesverband Rettungshunde e. V. zuständig.

1364) Zu den Aufgaben der Such- und Hundestaffeln gehören die Suche von vermissten Personen, verschütteten Personen und ertrunkenen Personen.

1365) Die Ausbildung von Such- und Rettungshunden dauert nur wenige Wochen, da Hunde schnell lernen.

1366) In den Küstengebieten in Deutschland sind 190 hauptamtliche und 850 freiwillige Seenotretter der Deutschen Gesellschaft zur Rettung Schiffsbrüchiger stationiert.

1367) Die Seenotretter verfügen über 54 Stationen an den deutschen Küsten und eine Flotte aus 60 Seenotrettungsbooten und -kreuzern.

1368) Die Seenotretter rücken nur bei ruhiger See aus und führen keine Einsätze bei schwerer See durch, um die Sicherheit der Retter zu gewährleisten.

1369) Zu den Aufgaben der Bergwacht gehören die Rettung von Notfallpatienten aus unwegsamem Gelände und die Rettung aus Höhen und Tiefen.

1370) Die Bergwacht ist für den Sanitätsdienst auf Skipisten zuständig und führt auch Suche und Bergung von Leichen im unwegsamen Gelände durch.

1371) Die Bergwacht arbeitet ausschließlich in den Alpen und hat keine Einsatzgebiete in anderen Regionen wie dem Schwarzwald.

1372) Gemeindenotfallsanitäter sind Notfallsanitäter mit Berufserfahrung, die mehrere Wochen weitergebildet und abschließend geprüft werden.

1373) Der Gemeindenotfallsanitäter wird bei Verdacht einer NACA-1- und -2-Indikation alarmiert, um die eigentlichen Rettungsmittel zu entlasten.

1374) Der Gemeindenotfallsanitäter besetzt das Einsatzfahrzeug mit einem Partner und führt regelmäßig Transporte durch.

1375) Im Rahmen der COVID-19-Pandemie mussten Hygienekonzepte auf der Rettungswache erstellt werden und FFP-2-Masken grundsätzlich bei jedem Einsatz getragen werden.

1376) Die COVID-19-Pandemie führte zu einem massiven Anstieg der Infektionstransporte im Rettungsdienst und einem erhöhten krankheitsbedingten Personalausfall.

1377) Invasive Maßnahmen wie die endotracheale Intubation konnten bei COVID-19-positiv getesteten Patienten ohne besondere Vorsichtsmaßnahmen durchgeführt werden.

1378) Der Begriff Amok bedeutet übersetzt rasend oder wütend und es handelt sich um eine spontane Kurzschlusshandlung mit Abbau von angestauter Wut.

1379) Bei einer Amoklage hat der Eigenschutz oberste Priorität und die Gesamteinsatzleitung liegt bei der Polizei.

1380) Bei einer Amoklage sollte das Rettungsteam sofort zur Einsatzstelle fahren und mit der Patientenbehandlung beginnen, um keine Zeit zu verlieren.

1381) Das Ziel eines Terrorakts besteht darin, Aufmerksamkeit zu erregen, und seit der Auflösung der RAF 1998 ist eher mit islamistischen Terroranschlägen zu rechnen.

1382) Bei einer terroristischen Gefahr muss eine Defensivtaktik befolgt werden, der Eigenschutz beachtet und die komplette PSA inklusive Helm getragen werden.

1383) Schmutzige Bomben (Dirty Bombs) stellen keine besondere Gefahr dar, da sie nur konventionelle Sprengstoffe enthalten und keine chemischen, bakteriologischen oder radioaktiven Substanzen.

1384) Eine Geiselnahme ist grundlegend eine polizeiliche Lage, bei der speziell geschulte Polizisten mit dem Geiselnehmer verhandeln.

1385) Der Rettungsdienst hält sich im Hintergrund bereit und muss sofort einsatzbereit sein, da sich die Lage schnell ändern kann.

1386) Sollte das RTW-Team als Geisel festgehalten werden, sollten sie versuchen den Geiselnehmer zu überwältigen, um die Situation schnell zu beenden.

1387) Bei Naturereignissen muss in Deutschland mit Phänomenen wie Starkregen, Schneechaos, Stürme und Überschwemmungen gerechnet werden.

1388) Naturereignisse führen zu einem steigenden Einsatzaufkommen und können die Anfahrt zur Einsatzstelle erschweren sowie zur Überlastung der Leitstellen führen.

1389) Bei Naturereignissen sind Stromausfälle oder der Ausfall von Internet und Telefon ausgeschlossen, da die Infrastruktur entsprechend gesichert ist.

1390) Bei einem MANV reichen die Einsatzkräfte aus dem Regelrettungsdienst nicht aus und ehrenamtliche Kräfte (SEG) müssen herangezogen werden.

1391) Die vier Phasen eines MANV sind: Selbstorganisationsphase, Rettungsphase, Versorgungsphase und Klinikphase.

1392) Der Leitende Notarzt (LNA) organisiert die medizinischen Maßnahmen vor Ort und arbeitet eng mit dem organisatorischen Leiter (OrgL) zusammen.

1393) Bis zum Eintreffen des LNA kann durch das ersteintreffende Rettungsmittel eine Vorsichtung (PRIOR) durchgeführt werden, die die Sichtung durch den LNA ersetzt.

1394) Etwa 60% der Patienten werden in die Sichtungskategorie SK 3 (grün) eingestuft und müssen eher betreut als therapiert werden.

1395) Patienten der SK 4 (blau) werden das Geschehen vermutlich nicht überleben und erhalten Analgesie und Betreuung, etwa 5% der Patienten werden in diese Kategorie eingestuft.

1396) Die Dokumentation bei einem MANV erfolgt auf Verletztenanhängekarten, die entweder analog oder digital (iORGL®) zum Einsatz kommen können.

1397) Im Gegensatz zur Individualmedizin werden beim MANV die Patienten nach der Rettung aus dem Schadensraum in der Patientenablage gesammelt und erst dann zum Behandlungsplatz verlegt.

1398) Die Gesamteinsatzleitung beim MANV wird immer von einem Beamten aus dem gehobenen feuerwehrtechnischen Dienst übernommen und kann niemals an die Einsatzleitung Rettungsdienst übertragen werden.

1399) Bei einer Katastrophe handelt es sich um ein Geschehen, bei dem eine Vielzahl von Menschen und Sachwerten in ungewöhnlichem Maß geschädigt wurden.

1400) Der Katastrophenschutz ist Aufgabe der Bundesländer, wobei sich der Bund an den Kosten beteiligt und für den Katastrophenfall 60 Medical Task Forces zur Verfügung stehen.

1401) Der Ablauf einer Katastrophe gliedert sich in vier Phasen: Isolation, Retten, Bergung und Wiederherstellung.

1402) Gefahrstoffe werden in verschiedene Gefahrenklassengruppen unterteilt, wobei Klasse 1 explosive Gegenstände, Klasse 2 Gase und Klasse 3 entzündbare flüssige Stoffe umfasst.

1403) Bei einem Gefahrguttransport muss eine orangefarbene Warntafel angebracht werden, wobei der obere Teil die Gefahr und der untere Teil die 4-stellige Stoffkennzeichnung beschreibt.

1404) Die Verdoppelung der Gefahrennummer (z.B. 33) auf der orangefarbenen Warntafel bedeutet eine Verdoppelung der Gefahr.

1405) Bei einem Gefahrgutunfall muss die GAMS-Regel befolgt werden: Gefahr erkennen, Absperren, Menschenrettung, Spezialkräfte anfordern.

1406) Die Absperrung der Gefahrenstelle sollte mindestens 50 m betragen und kann bei Explosionsgefahr bzw. gasförmigen Stoffen auf bis zu 1.000 m erweitert werden.

1407) Das Stufenkonzept der Dekontamination gemäß FwDV 500 umfasst drei Stufen: Notdekontamination, Standarddekontamination und erweiterte Dekontamination.

1408) Bei Gefahrendiagrammen auf Versandstücken bedeutet die Zahl 0 hohe Gefahr und die Zahl 4 wenig Gefahr.

1409) Die vier Phasen der Versorgung kontaminierter Patienten sind: BLS/Sichtung, entkleiden/Spot-Dekontamination, erweiterte medizinische Maßnahmen und Nassdekontamination.

1410) Bei Mehrkammerlastzügen reicht eine orangefarbene Warntafel am Heck des Fahrzeugs aus, da die einzelnen Kammern keine separate Kennzeichnung benötigen.

Patientenkommunikation und zwischenmenschliche Kompetenz

Dieses Kapitel behandelt die kommunikativen Aspekte der Rettungsdienstarbeit. Du testest dein Wissen über verschiedene Kommunikationsmodelle und -techniken sowie den Umgang mit besonderen Patientengruppen.

Richtig oder falsch?

1411) Menschenbilder entstehen nur aufgrund von Bildung und Religion.

1412) Das naturwissenschaftlich orientierte Menschenbild betrachtet Menschen als rein biologische Wesen und stellt die Existenz einer Seele infrage.

1413) Dem humanistischen Menschenbild wird manchmal Anthropozentrismus vorgeworfen.

1414) Die Maslow-Pyramide hält empirischen Untersuchungen stand und gilt als wissenschaftlich bestätigt.

1415) Kommunikation wird immer gestört sein, wenn Menschen ihre physiologischen oder sicherheitsrelevanten Bedürfnisse nicht befriedigen können.

1416) Die Pyramide stellt das reale Verhalten von Menschen dar und kann zur direkten Verhaltensvorhersage genutzt werden.

1417) Jeder Mensch verfügt über alle fünf Aspekte der Big Five, die aber individuell sehr unterschiedlich ausgeprägt sein können.

1418) Typologien können das komplexe menschliche Dasein vollständig erfassen und sind daher eine zuverlässige Orientierungshilfe.

1419) Die Big Five umfassen Extraversion/Introversion, Soziale Verträglichkeit, Gewissenhaftigkeit, Emotionale Stabilität und Offenheit für neue Erfahrungen.

1420) Der Primacy-Effekt beschreibt, dass der erste Eindruck das spätere Denken über einen Menschen prägt und die Wahrnehmung bestimmter Aspekte verzerrt.

1421) Wahrnehmungs- und Bewertungsfehler sind immer klar voneinander abgrenzbar und treten niemals gleichzeitig auf.

1422) Der Sympathieeffekt bewirkt, dass Menschen anderen, die sie sympathisch finden, weitere positive Eigenschaften zusprechen und negative übersehen.

1423) Bei kommunikativen Prozessen wird immer zwischen Sender, Empfänger und Nachricht unterschieden.

1424) Sender und Empfänger wechseln im Verlauf des Kommunikationsprozesses die Rollen.

1425) Störungen können nur auf der Empfängerseite auftreten, da der Sender immer das sagt, was er meint.

1426) Das erste Axiom von Watzlawick besagt „Man kann nicht nicht kommunizieren".

1427) Jede Kommunikation hat einen Inhalts- und einen Beziehungsaspekt, wobei der Beziehungsaspekt vor allem durch Gestik, Mimik und Tonfall beeinflusst wird.

1428) Kommunikation ist entweder symmetrisch oder komplementär, wobei symmetrisch bedeutet, dass immer einer der Gesprächspartner überlegen ist.

1429) Jede Nachricht besteht aus vier Anteilen: Sachinhalt, Selbstoffenbarung, Appell und Beziehungsebene.

1430) Bei einer Trefferwahrscheinlichkeit von 1:4 ist ein Missverständnis häufig.

1431) Sender und Empfänger gewichten die vier Seiten einer Nachricht immer gleich.

1432) Die Transaktionsanalyse geht davon aus, dass jeder Mensch in der Lage ist, wie ein Kind, ein Erwachsener und ein Elternteil zu kommunizieren.

1433) Die Kommunikation unter Erwachsenen verläuft immer reibungslos, unabhängig davon, welches Ich-Stadium hervortreten.

1434) Als professioneller Helfer ist das sachliche, respektvolle Kommunikationsverhalten (Erwachsenen-Ich) immer anzustreben.

1435) Der Wortinhalt (verbaler Anteil) bestimmt nur etwa 10% der Gesamtbotschaft.

1436) Mit 70% gewichtet die Körpersprache mit Mimik und Gestik (nonverbaler Anteil) die Botschaften am meisten.

1437) Der Tonfall (paraverbaler Anteil) hat den größten Einfluss auf die Kommunikation mit fast 50%.

1438) Kongruent ist Kommunikation, wenn auf allen Kanälen (verbal, paraverbal und nonverbal) das gleiche Signal gesendet wird.

1439) Inkongruente Nachrichten neigen dazu, den Gesprächspartner zu verwirren.

1440) Im Zweifel tendieren Menschen dazu, der Wortwahl und dem Tonfall mehr Bedeutung zukommen zu lassen als körpersprachlichen Signalen.

1441) Es werden drei Distanzzonen unterschieden: Öffentlicher Bereich (>100 cm), Persönlicher Bereich (20-100 cm) und Intimbereich (<20 cm).

1442) Unerwünschte Nähe wird als unangenehm empfunden und kann Stress auslösen, der zu Flucht oder Konfliktverhalten führen kann.

1443) Distanzzonen sind universell gleich und kulturell nicht unterschiedlich ausgeprägt.

1444) In Ausnahmesituationen leidet die Aufnahmefähigkeit des Menschen, das Sehfeld verengt sich und der Körper bereitet sich auf Kampf oder Flucht vor.

1445) Ungeduld, Lautstärke und Aggression sind meist persönlich gegen den Helfer gerichtet und zeigen mangelnden Respekt.

1446) Bei Konfliktsituationen sollte man Abstand zum Gegenüber halten und die Distanzzone „öffentlicher Bereich" einhalten.

1447) Es werden zwei Arten von Krisen unterschieden: Potenziell traumatische Krisen und Veränderungskrisen.

1448) In der Schockphase sollte man mit dem Betroffenen ausführlich über das Ereignis und potenzielle Folgen diskutieren.

1449) Potenziell traumatische Krisen werden durch ein plötzlich auftretendes, schmerzhaftes Ereignis ausgelöst und es werden vier zeitliche Phasen unterschieden.

1450) Das Prinzip der selektiven Authentizität besagt: „Ich sage nicht alles, was wahr ist. Aber alles, was ich sage, ist wahr.".

1451) KASPERLE ist eine Merkhilfe im Umgang mit pädiatrischen Patienten und steht unter anderem für Kontakt aufnehmen, Ablenkung sorgen und Situation erklären.

1452) Lügen oder Schönfärberei sind bei Kindern akzeptabel, da sie die Situation nicht richtig verstehen können.

1453) Ältere Menschen haben einen ritualisierten Tagesablauf, der unbedingt ermöglicht werden sollte, wenn die Situation es zulässt.

1454) Patronisierende Kommunikation wie „Secondary Babytalk" sollte bei älteren Patienten vermieden werden.

1455) Bei älteren Menschen sollte man grundsätzlich laut sprechen, da sie alle schwerhörig sind.

1456) Gehörlose Menschen machen etwa 0,1% der deutschen Bevölkerung aus.

1457) Auf Schreien oder überdeutliche Aussprache sollte verzichtet werden, da beides das Mundbild verzerrt und das Verständnis erschwert.

1458) Gehörlose Patienten achten weniger auf das Gesicht des Helfers, da sie sich hauptsächlich auf die Gebärdensprache konzentrieren.

1459) Viele fremdsprachige Menschen verstehen Deutsch deutlich besser, als sie es selbst sprechen können.

1460) Stummelsprache wie „Du ins Krankenhaus müssen" hilft beim Verständnis und ist respektvoll.

1461) Bei Dolmetschern aus der Familie des Patienten ist Vorsicht geboten, da manchmal bestimmte Aspekte aus Scham anders dargestellt werden.

1462) Fixierungsfehler können sowohl einer einzelnen Einsatzkraft als auch einer ganzen Gruppe von Einsatzkräften unterlaufen.

1463) Verantwortungsdiffusion entsteht immer dann, wenn nicht klar ist, welches Teammitglied welche Rolle einnimmt.

1464) Medikamentenverwechselungen treten nur als Folge von Überforderung in hektischen Einsatzlagen auf.

1465) Das 10-für-10-Prinzip bedeutet, für einen Moment (10 Sekunden) innezuhalten, um die nächste Etappe (10 Minuten) der Versorgung zu planen.

1466) Der Teamführer sollte das 10-für-10 mit einem „Stopp!" beginnen und sich der ungeteilten Aufmerksamkeit des Teams vergewissern.

1467) Während des 10-für-10-Prinzips können ablenkende Tätigkeiten parallel weitergeführt werden, um Zeit zu sparen.

1468) FORDEC ist eine Technik zur strukturierten Entscheidungsfindung und stammt aus der Luftfahrt.

1469) FORDEC steht für Facts, Options, Risks and Benefits, Decision, Execution, Check.

1470) Das FORDEC-Schema kann nur von Teamleitern angewendet werden und ist nicht für Teambesprechungen geeignet.

1471) Team-Debriefing sollte insbesondere nach herausfordernden Einsätzen oder Fehlern im Einsatz erfolgen.

1472) Im Rahmen eines Team-Debriefings sollten nicht nur Fehler gesucht, sondern auch besonders gute Entscheidungen oder Ideen lobend hervorgehoben werden.

1473) Team-Debriefing kann nur in speziellen Räumen nach dem Dienst stattfinden und nie zwischen den Einsätzen.

1474) ISOBAR ist eine modifizierte Version von SBAR, welches das von der WHO empfohlene System für Patientenübergaben ist.

1475) Im Sinne einer Closed Loop Communication sollte unbedingt die aufnehmende Fachkraft wiederholen lassen, was sie verstanden hat.

1476) ATMIST findet vornehmlich bei internistischen Notfällen Anwendung und steht für Age, Time, Mechanism, Injury, Symptoms, Treatment.

1477) WWSZ steht für warten, wiederholen, spiegeln, zusammenfassen.

1478) Das Spiegeln bezieht sich vor allem auf das emotionale Spiegeln des Ratsuchenden und spricht Dinge an, die nicht gesagt, aber nonverbal vermittelt wurden.

1479) Das Warten auf die Reaktion des Gegenübers ist meist unnötig, da Patienten sofort antworten können.

1480) SPIKES ist ein Kommunikationsmodell, das bei der Überbringung schlechter Nachrichten genutzt werden kann.

1481) SPIKES steht für Setting, Perception, Invitation, Knowledge, Empathy, Summary.

1482) Die meisten schlechten Nachrichten sollten im Rettungsdienst überbracht werden, da dies zur Aufgabe gehört.

1483) NURSE ist ein Kommunikationsmodell, das beim Umgang mit Emotionen helfen kann.

1484) NURSE steht für Naming, Understanding, Respecting, Supporting, Exploring.

1485) Emotionen sollten in der professionellen Kommunikation ignoriert werden, da sie die Sachebene stören.

1486) Beim Shared Decision Making entscheidet der Patient oder Ratsuchende gemeinsam mit der Einsatzkraft über weitere Schritte.

1487) Studien zeigen, dass Entscheidungen, die durch Shared Decision Making getätigt wurden, auch im Nachhinein am beständigsten sind.

1488) Das paternalistisches Modell ist grundsätzlich schlecht und sollte niemals angewendet werden.

1489) Stress ist ein Sammelbegriff für eine unspezifische Reaktion eines Menschen auf jede an ihn gestellte Anforderung.

1490) Positiver Stress heißt Eustress und negativer Stress heißt Distress.

1491) Zu viel oder zu wenig Stress vermindert die Leistungsfähigkeit.

1492) Stressoren sind für alle Menschen gleich und werden von jedem identisch wahrgenommen.

1493) Biologische, biografische und psychologische Moderatorvariablen erklären die unterschiedliche Wahrnehmung von Stressoren.

1494) Stress läuft immer in drei Phasen ab: Stadium der Alarmreaktion, Widerstandsphase und Zustand der Erschöpfung.

1495) Represser neigen dazu, die Stressquelle zu meiden und verleugnen Angstkomponenten.

1496) Sensitizer bemühen sich bereits früh um eine problemorientierte Lösung und sind im Vorteil, wenn eine Situation beeinflussbar ist.

1497) Stressreaktionen sind sehr individuell und unterscheiden sich je nach Situation, Person und Zeitpunkt.

1498) Arbeitgeber können nur Verhältnisfaktoren direkt beeinflussen, aber keine Verhaltensfaktoren.

1499) Eine positive Grundhaltung und das Denken an persönliche Stärken können bei der Stressbewältigung im Einsatz helfen.

1500) Die Phasen des Burn-out-Syndroms treten immer in derselben Reihenfolge auf und können nicht durchbrochen werden.

Antwortschlüssel

R = Richtig, F = Falsch

1) R	26) F	51) F	76) R	101) F	126) R
2) F	27) R	52) R	77) R	102) R	127) R
3) R	28) R	53) R	78) F	103) R	128) R
4) R	29) F	54) F	79) R	104) R	129) R
5) R	30) R	55) R	80) R	105) R	130) R
6) F	31) R	56) R	81) R	106) R	131) R
7) R	32) R	57) R	82) F	107) F	132) F
8) F	33) R	58) F	83) R	108) R	133) R
9) R	34) F	59) R	84) R	109) R	134) R
10) R	35) R	60) R	85) F	110) F	135) F
11) F	36) R	61) R	86) R	111) R	136) R
12) R	37) F	62) R	87) F	112) R	137) R
13) R	38) R	63) F	88) R	113) R	138) R
14) F	39) R	64) R	89) R	114) R	139) R
15) R	40) R	65) R	90) R	115) R	140) R
16) R	41) R	66) F	91) R	116) R	141) R
17) R	42) R	67) R	92) R	117) R	142) R
18) R	43) R	68) R	93) R	118) R	143) R
19) R	44) R	69) R	94) R	119) R	144) R
20) F	45) F	70) F	95) R	120) R	145) R
21) R	46) R	71) R	96) R	121) R	146) R
22) R	47) R	72) R	97) F	122) R	147) F
23) F	48) F	73) R	98) R	123) R	148) R
24) R	49) R	74) F	99) R	124) R	149) R
25) R	50) R	75) R	100) R	125) R	150) R

151) R	182) R	213) R	244) R	275) R	306) R
152) R	183) R	214) F	245) F	276) R	307) R
153) F	184) R	215) R	246) R	277) F	308) R
154) R	185) F	216) R	247) R	278) R	309) R
155) R	186) R	217) F	248) R	279) R	310) R
156) R	187) R	218) R	249) F	280) R	311) R
157) F	188) R	219) R	250) R	281) R	312) R
158) F	189) R	220) R	251) R	282) R	313) F
159) R	190) R	221) R	252) R	283) R	314) R
160) F	191) R	222) F	253) R	284) R	315) R
161) R	192) R	223) R	254) R	285) R	316) R
162) F	193) R	224) R	255) F	286) R	317) F
163) R	194) R	225) F	256) R	287) R	318) R
164) R	195) F	226) R	257) R	288) R	319) R
165) R	196) R	227) R	258) F	289) R	320) R
166) R	197) R	228) R	259) R	290) R	321) R
167) F	198) R	229) F	260) R	291) R	322) R
168) R	199) R	230) R	261) R	292) R	323) R
169) F	200) R	231) R	262) R	293) R	324) R
170) R	201) R	232) F	263) R	294) R	325) R
171) F	202) R	233) R	264) R	295) F	326) R
172) R	203) R	234) R	265) R	296) R	327) R
173) R	204) R	235) F	266) F	297) R	328) R
174) R	205) R	236) R	267) R	298) R	329) F
175) F	206) F	237) R	268) R	299) R	330) R
176) R	207) R	238) R	269) R	300) R	331) R
177) R	208) R	239) R	270) R	301) R	332) R
178) F	209) F	240) F	271) F	302) R	333) R
179) R	210) R	241) R	272) R	303) R	334) R
180) R	211) F	242) R	273) R	304) R	335) F
181) F	212) R	243) R	274) F	305) R	336) R

337) R	368) R	399) R	430) R	461) R	492) R
338) R	369) R	400) F	431) R	462) R	493) R
339) F	370) R	401) R	432) F	463) R	494) R
340) R	371) R	402) R	433) R	464) R	495) R
341) R	372) R	403) R	434) F	465) F	496) R
342) R	373) R	404) F	435) R	466) R	497) R
343) R	374) R	405) R	436) R	467) R	498) R
344) R	375) R	406) F	437) R	468) F	499) R
345) R	376) R	407) R	438) R	469) R	500) F
346) R	377) R	408) R	439) F	470) R	501) R
347) R	378) R	409) R	440) R	471) F	502) R
348) R	379) R	410) R	441) R	472) R	503) R
349) R	380) R	411) R	442) R	473) R	504) R
350) R	381) F	412) R	443) R	474) R	505) R
351) F	382) R	413) R	444) R	475) R	506) R
352) R	383) F	414) R	445) R	476) F	507) R
353) R	384) R	415) R	446) R	477) R	508) R
354) R	385) R	416) F	447) F	478) R	509) R
355) R	386) R	417) R	448) R	479) R	510) R
356) R	387) R	418) R	449) R	480) F	511) R
357) R	388) F	419) R	450) R	481) R	512) R
358) R	389) R	420) R	451) R	482) R	513) F
359) F	390) R	421) R	452) R	483) R	514) R
360) R	391) R	422) F	453) F	484) R	515) R
361) F	392) F	423) R	454) R	485) F	516) F
362) R	393) R	424) R	455) R	486) R	517) R
363) R	394) F	425) R	456) R	487) R	518) R
364) R	395) R	426) R	457) R	488) R	519) R
365) F	396) R	427) R	458) R	489) R	520) R
366) R	397) F	428) R	459) R	490) R	521) R
367) R	398) R	429) R	460) F	491) F	522) R

523) R	554) R	585) F	616) R	647) R	678) R
524) R	555) R	586) R	617) R	648) R	679) R
525) R	556) R	587) R	618) R	649) R	680) R
526) R	557) F	588) R	619) R	650) R	681) R
527) F	558) R	589) F	620) R	651) R	682) F
528) R	559) R	590) R	621) F	652) R	683) F
529) R	560) F	591) R	622) R	653) R	684) R
530) R	561) R	592) R	623) R	654) R	685) R
531) F	562) F	593) R	624) R	655) R	686) R
532) R	563) R	594) F	625) F	656) R	687) R
533) R	564) R	595) R	626) R	657) F	688) R
534) R	565) R	596) R	627) F	658) F	689) R
535) F	566) R	597) R	628) R	659) F	690) R
536) R	567) F	598) R	629) R	660) R	691) R
537) R	568) R	599) F	630) R	661) R	692) R
538) F	569) R	600) R	631) F	662) R	693) R
539) R	570) R	601) R	632) R	663) R	694) R
540) F	571) F	602) R	633) R	664) R	695) R
541) F	572) R	603) R	634) R	665) F	696) F
542) R	573) R	604) R	635) F	666) R	697) R
543) R	574) R	605) R	636) R	667) R	698) R
544) R	575) R	606) R	637) R	668) R	699) R
545) F	576) R	607) F	638) F	669) R	700) R
546) R	577) R	608) R	639) R	670) R	701) F
547) R	578) F	609) R	640) R	671) R	702) R
548) F	579) R	610) R	641) R	672) F	703) R
549) R	580) R	611) R	642) R	673) R	704) R
550) R	581) R	612) F	643) R	674) F	705) R
551) R	582) R	613) R	644) F	675) R	706) R
552) R	583) R	614) F	645) R	676) R	707) R
553) R	584) R	615) R	646) R	677) R	708) F

709) R	740) R	771) R	802) R	833) F	864) R
710) R	741) R	772) R	803) R	834) R	865) R
711) F	742) F	773) R	804) R	835) R	866) F
712) R	743) R	774) R	805) F	836) R	867) R
713) F	744) R	775) F	806) R	837) R	868) R
714) R	745) R	776) R	807) R	838) R	869) R
715) R	746) F	777) R	808) R	839) F	870) F
716) F	747) R	778) F	809) F	840) R	871) F
717) R	748) R	779) R	810) R	841) R	872) R
718) R	749) R	780) R	811) F	842) R	873) F
719) F	750) R	781) R	812) R	843) R	874) R
720) R	751) R	782) R	813) F	844) R	875) R
721) R	752) F	783) F	814) R	845) F	876) F
722) F	753) R	784) R	815) F	846) R	877) R
723) R	754) R	785) R	816) R	847) R	878) R
724) R	755) F	786) R	817) R	848) F	879) F
725) R	756) R	787) F	818) R	849) R	880) R
726) F	757) R	788) R	819) F	850) R	881) R
727) R	758) R	789) R	820) F	851) F	882) R
728) R	759) F	790) R	821) R	852) R	883) R
729) R	760) R	791) R	822) R	853) R	884) R
730) R	761) R	792) F	823) F	854) F	885) F
731) F	762) R	793) R	824) R	855) R	886) R
732) R	763) R	794) R	825) R	856) F	887) R
733) R	764) R	795) R	826) R	857) R	888) F
734) F	765) R	796) R	827) R	858) R	889) R
735) R	766) R	797) F	828) R	859) F	890) R
736) R	767) R	798) R	829) F	860) R	891) R
737) R	768) R	799) R	830) R	861) R	892) R
738) R	769) F	800) R	831) F	862) R	893) R
739) R	770) R	801) F	832) R	863) F	894) F

895) R	926) F	957) R	988) R	1019) F	1050) R
896) F	927) R	958) R	989) R	1020) R	1051) F
897) R	928) R	959) R	990) F	1021) R	1052) R
898) R	929) F	960) F	991) R	1022) F	1053) R
899) F	930) R	961) R	992) R	1023) R	1054) F
900) R	931) F	962) F	993) R	1024) R	1055) R
901) R	932) R	963) R	994) F	1025) F	1056) R
902) R	933) R	964) R	995) R	1026) F	1057) R
903) R	934) F	965) R	996) F	1027) R	1058) F
904) R	935) R	966) R	997) R	1028) R	1059) R
905) F	936) R	967) R	998) R	1029) R	1060) F
906) R	937) R	968) R	999) F	1030) R	1061) R
907) F	938) F	969) F	1000) R	1031) R	1062) R
908) R	939) R	970) R	1001) R	1032) F	1063) R
909) R	940) R	971) R	1002) F	1033) R	1064) F
910) F	941) R	972) F	1003) R	1034) F	1065) R
911) R	942) F	973) R	1004) R	1035) R	1066) R
912) R	943) R	974) R	1005) F	1036) R	1067) F
913) R	944) F	975) R	1006) R	1037) F	1068) R
914) F	945) R	976) F	1007) R	1038) R	1069) R
915) R	946) R	977) R	1008) R	1039) R	1070) F
916) R	947) R	978) F	1009) R	1040) F	1071) R
917) F	948) R	979) R	1010) R	1041) F	1072) R
918) R	949) R	980) F	1011) F	1042) R	1073) F
919) F	950) F	981) R	1012) R	1043) R	1074) R
920) R	951) R	982) F	1013) R	1044) R	1075) R
921) R	952) R	983) R	1014) F	1045) R	1076) F
922) R	953) R	984) F	1015) R	1046) F	1077) R
923) R	954) F	985) R	1016) R	1047) R	1078) R
924) F	955) R	986) R	1017) R	1048) R	1079) F
925) R	956) R	987) F	1018) R	1049) F	1080) R

1081) R	1112) R	1143) R	1174) F	1205) R	1236) F
1082) F	1113) F	1144) F	1175) R	1206) R	1237) R
1083) R	1114) R	1145) R	1176) R	1207) F	1238) F
1084) R	1115) R	1146) R	1177) R	1208) R	1239) R
1085) F	1116) R	1147) F	1178) R	1209) R	1240) R
1086) R	1117) F	1148) R	1179) R	1210) F	1241) F
1087) R	1118) R	1149) R	1180) F	1211) R	1242) R
1088) F	1119) R	1150) R	1181) R	1212) R	1243) R
1089) R	1120) R	1151) F	1182) R	1213) F	1244) F
1090) F	1121) F	1152) R	1183) F	1214) R	1245) R
1091) R	1122) F	1153) F	1184) R	1215) R	1246) R
1092) R	1123) R	1154) R	1185) R	1216) F	1247) F
1093) F	1124) R	1155) R	1186) F	1217) R	1248) R
1094) R	1125) F	1156) F	1187) R	1218) R	1249) R
1095) R	1126) R	1157) R	1188) R	1219) R	1250) R
1096) F	1127) R	1158) R	1189) F	1220) R	1251) F
1097) R	1128) R	1159) F	1190) R	1221) F	1252) R
1098) R	1129) F	1160) R	1191) R	1222) R	1253) R
1099) F	1130) R	1161) R	1192) F	1223) F	1254) F
1100) R	1131) R	1162) R	1193) R	1224) R	1255) R
1101) R	1132) F	1163) R	1194) R	1225) R	1256) F
1102) F	1133) R	1164) F	1195) F	1226) R	1257) R
1103) R	1134) R	1165) R	1196) R	1227) F	1258) R
1104) F	1135) F	1166) F	1197) R	1228) R	1259) R
1105) R	1136) R	1167) R	1198) F	1229) R	1260) F
1106) R	1137) R	1168) R	1199) R	1230) F	1261) R
1107) R	1138) F	1169) F	1200) R	1231) R	1262) F
1108) F	1139) R	1170) R	1201) F	1232) F	1263) R
1109) R	1140) F	1171) R	1202) R	1233) R	1264) R
1110) R	1141) R	1172) F	1203) R	1234) R	1265) R
1111) F	1142) R	1173) R	1204) F	1235) R	1266) F

1267) R	1298) F	1329) R	1360) R	1391) R	1422) R
1268) F	1299) R	1330) F	1361) R	1392) R	1423) R
1269) R	1300) R	1331) R	1362) F	1393) F	1424) R
1270) R	1301) R	1332) F	1363) R	1394) R	1425) F
1271) F	1302) F	1333) R	1364) R	1395) R	1426) R
1272) R	1303) R	1334) R	1365) F	1396) R	1427) R
1273) R	1304) F	1335) F	1366) R	1397) R	1428) F
1274) R	1305) R	1336) R	1367) R	1398) F	1429) R
1275) R	1306) R	1337) R	1368) F	1399) R	1430) R
1276) R	1307) R	1338) F	1369) R	1400) R	1431) F
1277) F	1308) F	1339) R	1370) R	1401) F	1432) R
1278) R	1309) R	1340) R	1371) F	1402) R	1433) F
1279) R	1310) R	1341) F	1372) R	1403) R	1434) R
1280) R	1311) F	1342) R	1373) R	1404) R	1435) R
1281) F	1312) F	1343) R	1374) F	1405) R	1436) R
1282) R	1313) R	1344) F	1375) R	1406) R	1437) F
1283) F	1314) R	1345) R	1376) R	1407) R	1438) R
1284) R	1315) R	1346) R	1377) F	1408) F	1439) R
1285) R	1316) F	1347) F	1378) R	1409) R	1440) F
1286) F	1317) R	1348) R	1379) R	1410) F	1441) R
1287) R	1318) R	1349) R	1380) F	1411) F	1442) R
1288) R	1319) F	1350) F	1381) R	1412) R	1443) F
1289) F	1320) R	1351) R	1382) R	1413) R	1444) R
1290) R	1321) R	1352) R	1383) F	1414) F	1445) F
1291) R	1322) F	1353) F	1384) R	1415) R	1446) R
1292) F	1323) R	1354) R	1385) R	1416) F	1447) R
1293) R	1324) R	1355) R	1386) F	1417) R	1448) F
1294) R	1325) R	1356) F	1387) R	1418) F	1449) R
1295) F	1326) F	1357) R	1388) R	1419) R	1450) R
1296) R	1327) R	1358) R	1389) F	1420) R	1451) R
1297) R	1328) R	1359) F	1390) R	1421) F	1452) F

1453) R	1461) R	1469) R	1477) R	1485) F	1493) R
1454) R	1462) R	1470) F	1478) R	1486) R	1494) F
1455) F	1463) R	1471) R	1479) F	1487) R	1495) R
1456) R	1464) F	1472) R	1480) R	1488) F	1496) R
1457) R	1465) R	1473) F	1481) R	1489) R	1497) R
1458) F	1466) R	1474) R	1482) F	1490) R	1498) F
1459) R	1467) F	1475) R	1483) R	1491) R	1499) R
1460) F	1468) R	1476) F	1484) R	1492) F	1500) F